Filosofía

150 conceptos clave

¿Qué diferencia hay?

Librero

avanzados

introducción

Este libro, que es parte de una nueva serie, está concebido como manual de iniciación a la filosofía e intenta dar respuesta a la pregunta «Qué diferencia hay...?» empleando un enfoque del todo novedoso. Los 150 conceptos filosóficos analizados en el libro son tratados en parejas para evitar confusiones terminológicas muy corrientes (y también otras no tan corrientes). La ventaja de tratar dos definiciones a la vez es que se aborda directamente el núcleo de un tema y se evitan errores conceptuales. Este es el libro ideal para aquellos que estén interesados en diferenciar «sintético» de «artificial» o «intención» de «intencionalidad».

Qué diferencia hay: filosofía explica de una manera atractiva y comprensible 150 conceptos filosóficos clave, tales como los de epistemología (el estudio del conocimiento), estética (el estudio del arte) o metafísica (el estudio de la realidad misma). El primero de los tres capítulos del libro está dedicado a las confusiones habituales. Cuando alguien afirma que algo es «falso», ¿está diciendo que está «mal»? ¿Y qué hay de «correcto» y «verdadero»? Son palabras utilizadas a diario y cuyo significado puede solaparse, pero las diferencias son importantes; sobre todo, si se quiere explicar la diferencia entre bien y mal... ¿o quizás entre verdadero y falso?

El segundo capítulo examina términos algo más técnicos, como pueden ser la distinción entre «paradoja» y «contradicción», que a veces usamos mal aunque parezca que estamos familiarizados con ellos. Si no somos precisos a la hora de emplear estas palabras, corremos el riesgo de entremezclarlas o de conducir una conversación hacia un callejón sin salida.

El capítulo final del libro se centra en aquellas complicadas pero cruciales distinciones entre conceptos filosóficos como «animismo» y «animalismo». Este apartado no solo aclara diferencias, sino que contribuye a ampliar el vocabulario conceptual del lector. Tanto si su interés se centra en lo habitual como en lo técnico o lo esotérico, en el libro siempre hay algo para alguien, ya sea este un principiante, un estudiante o un profesional.

Además de metafísica, epistemología o estética, el libro también contiene discusiones sobre filosofía política (¿qué diferencia hay entre «autocracia» y «totalitarismo»?) y moral (¿o quizás habría que hablar de ética?). Asimismo, hay varias entradas sobre lógica formal (el estudio de las argumentaciones), filosofía de la ciencia (¿«científico» o «cientificista»?), filosofía de la raza (la diferencia entre «privilegio» y «poder») y filosofía del humor.

Quien desee saber la diferencia entre emociones y estados de ánimo, sarcasmo e ironía o sexo y género encontrará la explicación en este libro, que también ayuda a distinguir un charlatán de un cerebrito, un sofista de un sabio o un argumento pobre de uno bien razonado.

cómo usar este libro

Cada doble página está diseñada para que los conceptos resulten claros y fáciles de entender. El texto principal explica cada término desde la idea básica hasta el concepto matizado.

---

igualdad

La igualdad se refiere al estado de ser igual. Hasta ahí, nada sorprendente. La mayoría de las veces que oímos hablar de ella es en relación con los derechos políticos y legales. Por ejemplo, si apoyamos la igualdad de género, apoyamos la idea de que todas las personas, con independencia de su género, deben tener los mismos derechos y poder acceder a los mismos recursos.

En las sociedades sexistas (la mayoría lo son), los hombres, las mujeres y las personas no binarias reciben un trato diferente. En los patriarcados (del griego, *patria-arche*, «gobierno del padre»), la balanza se decanta abiertamente hacia el hombre, el cual tiene más posibilidades de recibir un salario superior al de una mujer o una persona no binaria por el mismo trabajo realizado. Es una situación desequilibrada que se basa en la evidente superioridad del hombre.

Las disparidades legales han sido corregidas en algunos países, aunque solo en las últimas décadas. Así, por ejemplo, en el Reino Unido, las mujeres no estuvieron legalmente autorizadas a suscribir una hipoteca hasta la aprobación de la Sex Discrimination Act de 1975, mientras que hasta 2010 no se aprobó la Equality Act, que está encaminada a evitar el acoso sexual de la mujer. Del mismo modo, en 2017 se hizo obligatorio que las empresas informaran de la «brecha salarial», esto es, de la diferencia de salario entre hombres y mujeres.

Con todo, la igualdad no implica tratar a todo el mundo de la misma manera, ya que algunos colectivos de personas pueden requerir diferentes medidas para corregir ciertas disparidades. Esto nos lleva al concepto de equidad...

En pocas palabras
El estado de ser igual.

Por qué es importante
Es un objetivo político importante lograr que todas las personas, con independencia de su origen, tengan los mismos derechos y recursos.

Personajes clave
Simone de Beauvoir, 1908–1986
Anna Julia Cooper, 1858–1964
Karl Marx, 1818–1883
Paul C. Taylor, n. 1967
Sojourner Truth, h. 1797–1883

Conceptos relacionados
liberalismo, p. 47
sexismo, p. 48
opresión, p. 52
política identitaria, p. 90

---

equidad

Como la situación personal de origen de cada persona es diferente, un trato igualitario solo puede lograrse si los recursos se distribuyen según las necesidades de cada una de ellas. Tratar a las personas *igualmente* implica tratarlas de la misma manera (es decir, darles los mismos recursos). Tratar a la gente *equitativamente* significa que los recursos deben asignarse de una manera que parece desigual. Algunas personas desfavorecidas socialmente pueden necesitar más que otras.

El trato equitativo reconoce y persigue rectificar agravios históricos y sistémicos. El objetivo es ofrecer a cada persona una oportunidad de labrarse un buen futuro con independencia de su identidad o su origen social. Imaginémonos a un grupo de personas que para ver un partido de fútbol que se juega al otro lado de una tapia deben subirse a una caja de madera y que pretendemos que todas ellas puedan ver el partido. Tratarlas de forma igualitaria sería que le diéramos a cada una de ellas la misma caja sin tener en cuenta su estatura. A las personas de menor estatura, estas cajas no les servirían de nada, ya que necesitarían cajas más grandes. Tratarlas equitativamente, por el contrario, significa darles una caja diferente en función de su estatura: los niños recibirían cajas más grandes, mientras que las personas altas o que llevaran zapatos de plataforma necesitarían otras más pequeñas.

La igualdad se centra en lo igual. Cada persona tiene derecho a las mismas protecciones legales, al mismo acceso a los recursos y a las mismas oportunidades laborales, mientras que la equidad hace hincapié en lo justo y lo correcto. Así, el tratamiento equitativo reconoce disparidades preexistentes que pretende corregir para que todo el mundo tenga realmente las mismas oportunidades.

En pocas palabras
El tratamiento equitativo tiene en cuenta las ventajas y las desventajas de cada persona.

Por qué es importante
El tratamiento igualitario no siempre soluciona las desigualdades sociales. La política debe tener en cuenta las condiciones preexistentes.

Personajes clave
Moya Bailey Kimberlé Crenshaw, n. 1959
Peggy McIntosh, n. 1934
Charles W. Mills, 1951–2021

Conceptos relacionado
poder, p. 41
racismo, p. 51
prescriptivo, p. 74
comunismo, p. 92

---

1 *En pocas palabras* resume cada concepto en una sola frase.

2 *Por qué es importante* explica la relación del concepto con nuestra vida diaria.

3 *Personajes clave* cita a personajes famosos que han debatido sobre el concepto.

4 *Conceptos relacionados* ayuda a navegar por el resto del libro.

5 Las ilustraciones ayudan a aclarar conceptos difíciles de entender.

identidad

«Me llamo Adam y soy escritor. He escrito este libro. Soy libra, gemelo y judío, y en el momento de escribir esta frase llevo una barba espesa con algunas mechas grises».

Estas pocas frases describen diferentes elementos de la identidad de alguien: mi identidad. Usamos habitualmente la palabra «identidad» para referirnos al carácter, a los orígenes, a los rasgos hereditarios o a cualquier cosa que defina a una persona. Cuando hablamos de identidad solemos hablar de cosas que son importantes para uno mismo, de aquellas cosas que hacen que ese yo sea realmente yo y no otra persona.

En la lista anterior hay cosas que no son esenciales para mí, Adam, pero que no dejan de ser importantes. Las personas no son escritores natos, sino que se vuelven escritores y pueden dejar de serlo. Asimismo, puedo dejar de llevar barba (es solo cuestión de pocos minutos) y, de manera análoga, estar sentado en un autobús no es parte, en absoluto, de mi identidad, aunque la descripción sea verdadera por un breve espacio de tiempo.

Algunos aspectos de nuestras identidades quedan fuera de nuestro control. No puedo evitar ser libra; es simplemente una manera de explicar que nací en una fecha determinada. Si hablamos del judaísmo como una etnia, tampoco puedo dejar de ser judío. Estas cosas pueden estar sujetas a políticas sociales (por ejemplo, leyes): así, nuestra identidad es profundamente personal, pero también un foco de acción política. Algunos países tienen leyes que protegen a las personas contra discriminaciones identitarias.

En pocas palabras
Se refiere al carácter, a los rasgos hereditarios o a la personalidad.

Por qué es importante
Nuestra identidad es, por definición, lo que nos hace especiales y diferentes de los demás. Ni siquiera los gemelos idénticos tienen la misma identidad.

Personajes clave
Talia Mae Bettcher
Judith Butler, n. 1956
Kimberlé Crenshaw,
n. 1959
Audre Lorde,
1934–1992

Conceptos relacionados
esencial, p. 62
intrínseco, p. 63
política identitaria, p. 90
existencialismo, p. 119

¿identidad?

En el ámbito de la lógica formal, «identidad» significa algo ligeramente distinto de carácter o personalidad. La identidad se representa con el símbolo de igualdad (=) y alude a la relación lógica de *ser lo mismo*. Si decimos, por ejemplo, que Mary Anne Evans es idéntica a George Eliot, afirmamos que son la misma persona.

A la identidad lógica se le ha dado muchas vueltas, y la mayoría de quienes se ocupan del concepto de identidad coinciden en que presenta unas características especiales. Por un lado, hay una relación simétrica. Si Mary Anne Evans es idéntica a George Eliot, lo contrario también es verdadero. La identidad también es transitiva, es decir, se desplaza. Si Mary es idéntica a George y George es idéntico a la autora de *Middlemarch*, Mary es idéntica al autor de *Middlemarch*. Los «idénticos» también son indiscernibles. En resumen: si esto es idéntico a aquello, cualquier característica de lo primero la tiene también lo segundo, y viceversa.

Resulta relativamente fácil distinguir entre las diferentes acepciones de identidad. El asunto se complica cuando entramos en el subcampo metafísico de la «identidad personal», que se centra en la identidad de identidades, por así decirlo. La pregunta crucial es: ¿Qué hace que esta persona sea la *misma* persona con el paso del tiempo? La persona que lee estas líneas es la misma persona (es decir, es idéntica a) que un bebé nacido un día determinado. *¿Por qué?* ¿Qué la hace idéntica a aquel bebé?

En pocas palabras
La relación lógica de igualdad se representa con el símbolo =.

Por qué es importante
El concepto de identidad es esencial para la lógica, las matemáticas y, de hecho, para afrontar nuestra vida cotidiana.

Personajes clave
Gottfried Wilhelm Liebniz, 1646–1716
John Locke, 1632–1704
Lynne Rudder Baker, 1944–2017
David Wiggins, n. 1933

Conceptos relacionados

conocimiento

Sé que la Tierra es más o menos esférica. También sé que me llamo Adam y que, aunque no tenga nada que ver con ello, 2 + 2 = 4. Por lo menos, *creo* que sé estas cosas. ¿Cómo sé que las sé? Las respuestas a esta ancestral cuestión filosófica dependen de lo que entendamos por conocimiento. En una formulación clásica, mi uso del verbo «saber» se puede dar por bueno si mis afirmaciones se basan en una creencia verdadera justificada.

Pongamos como ejemplo la forma de la Tierra. La mayoría de nosotros creemos que nuestro planeta es más o menos esférico sin fingir que lo creemos. Además, la creencia está justificada: aunque no tenga ninguna experiencia directa de que el mundo sea esférico (nunca he contemplado el planeta desde el espacio), reputadas autoridades científicas han aportado desde hace mucho tiempo pruebas concluyentes de que esto es así.

¿Es esto verdad, pese a todo? Esto ya es más complejo. Para que mi creencia sea verdadera debe corresponder a la realidad, es decir, debe darse el caso de que la Tierra sea más o menos esférica con independencia de lo que la gente y los científicos digan. Es aquí donde los filósofos (sobre todo, los epistemólogos, los estudiosos del conocimiento) pueden comenzar a perder el control. Las alucinaciones y la realidad virtual nos hacen cuestionar nuestro acceso al mundo exterior. Puede que el mundo exterior sea plano o un cubo, o que quizás no exista en absoluto.

creencia

Los epistemólogos pueden llegar a colapsarse cuando se preguntan por la realidad. «¿Estoy soñando?», exclaman. «¿Es esto una simulación por ordenador?» La mayoría de nosotros, sin embargo, vivimos sin preocuparnos demasiado ni por la existencia del mundo exterior ni por las sutilezas que supone manifestar que «sabemos» una cosa u otra. Puede que solo aseguremos que lo creemos, aunque de una manera muy firme.

Las creencias por sí solas son dignas de ahondar en ellas. Unas son más frágiles que otras. Podemos decir, por ejemplo, que creemos que algo ha ocurrido cuando eso está ahí, en el umbral de la memoria, y no podemos acordarnos de los detalles (¿Te acuerdas del día en que cumpliste siete años?). Otras creencias, como las basadas en datos (aparentemente) fiables o experiencias vividas, parecen más sólidas. ¿Acabo de comerme un panecillo tostado? Sí, todavía hay migas en mi jersey. ¿*Sé* que acabo de comerme un panecillo tostado? Dada la posibilidad (muy poco probable) de que haya tenido una alucinación, no puedo afirmarlo con total seguridad, así que solo estoy autorizado a decir que lo *creo*, pero que lo creo firmemente.

La diferencia entre conocimiento y creencia es que el primero debe ser ratificado por la realidad —debe ser *verdadero*—, mientras que la creencia depende menos del mundo exterior. Algunos filósofos (sobre todo, los teólogos), resaltan las virtudes distintivas de la creencia, lo que puede ser un signo de humildad intelectual y un reconocimiento de que algunas cosas (quizás muchas) se encuentran más allá del ámbito de la percepción humana.

En pocas palabras
La creencia puede ser un signo de humildad intelectual y una deferencia a una autoridad superior.

Por qué es importante
La creencia, y la fe, requieren confianza interpersonal, dependencia y un apego firme a otros.

Personajes clave
Teresa de Ávila, 1515–1582
Augustín de Hipona, h. 354–430
Kate Manne, n. 1983
Juliana de Norwich h. 1342–1416

Conceptos relacionados
fenomenología, p. 118
agnóstico, p. 139
solipsismo, p. 143

Creo que la Luna está hecha de queso.

implicación

Está lloviendo, así que el suelo se va a mojar. Es una afirmación relativamente banal. Por desgracia, si hay algo que a los filósofos les gusta hacer con las afirmaciones banales es complicarlas aún más. Para los lógicos —filósofos interesados en la estructura y la validez de los enunciados—, una afirmación como esta se compone de dos partes: el «antecedente» (está lloviendo) y el «consecuente» (el suelo se va a mojar). La segunda afirmación sigue a la primera, esto es, la primera implica la segunda. El concepto de «implicación» alude a la relación entre dos proposiciones. En lógica formal, esta relación se representa con el símbolo de la flecha (→) y queda enmarcada por la condición «si ... entonces ...».

Cuando hablamos de implicación no estamos hablando por fuerza de causación. Es verdad que la lluvia *puede* mojar el suelo, pero hay muchas razones por las que el suelo puede estar mojado que nada tienen que ver con la lluvia. ¿Y si se ha reventado una tubería? Además, aunque llueva, el suelo puede permanecer seco (bajo una marquesina o un toldo). La implicación describe una correlación, no una causación.

La lógica de la implicación nos permite insinuar algo sin afirmarlo realmente. «Esos gemelos de diamante son *asombrosamente* parecidos a los que le robaron al marqués la semana pasada.» Al oír esto podemos pensar que los gemelos en cuestión son *de hecho* los que le robaron al marqués la semana pasada —*si* son idénticos, *en ese caso* son los que fueron robados (si bien que sean idénticos no implica que hayan sido robados).

En pocas palabras
La implicación es una relación lógica entre dos proposiciones: un antecedente y un consecuente.

Por qué es importante
Entender la implicación es crucial para nuestra capacidad de comprendernos y conversar entre nosotros sin tener que explicarlo todo.

Personajes clave
G. E. M. Anscombe, 1919–2001
Dorothy Edgington, n. 1941
Hilary Putnam, 1926–2016
Gillian Russell

Conceptos relacionados
identidad, p. 6
inducción, p. 60
a priori, p. 80
conjunción, p. 116

inferencia

A veces la gente emplea «inferir» como sinónimo de «implicar», pero por inferencia se entiende habitualmente un proceso cognitivo, y no una relación lógica. Es algo que nuestro cerebro hace. Cuando inferimos, consideramos hechos, ideas o suposiciones y llegamos a una o varias conclusiones (por ejemplo, sacamos consecuencias lógicas). Este proceso suele conllevar un grado de interpretación y razonamiento crítico.

Si, caminando por la calle, oímos gritos, chillidos y bocinazos de coches, podemos pensar que algo malo ha ocurrido. ¿Nos atacan alienígenas? Si vemos helicópteros volando, aceleraremos el paso. Evaluando las pruebas de que disponemos, podemos formarnos un escenario probable (ataque alienígena) que puede inducirnos a huir lo antes posible. La inferencia es el proceso por el cual podemos determinar y entender las implicaciones.

Los procesos inferenciales, como es obvio, también pueden someterse a revisión. Podemos recordar, por ejemplo, que el equipo de fútbol local acaba de jugar un importante partido contra su más enconado rival. Si escuchamos los bocinazos con atención, notamos que se suceden rítmicamente y que los gritos son de júbilo. Ahí, a partir de nuestro conocimiento, podemos inferir que la supuesta molestia no es otra cosa que la celebración de una victoria de un equipo.

La inferencia es un modo de razonar que requiere la evaluación de pruebas y de un contexto, y las conclusiones pueden cambiar en función de las pruebas. En general, cuanta más información tengamos, tanto más precisas serán las inferencias.

En pocas palabras
La inferencia es el proceso interpretativo por el cual determinamos y entendemos las implicaciones.

Por qué es importante
Todos los aspectos de nuestra vida implican nuestra capacidad de deducir (inferir) a partir de una base de evidencias mínimas, qué puede ocurrir, qué puede haber ocurrido y por qué.

Personajes clave
Ruth Barcan Marcus, 1921–2012
Gottlob Frege, 1848–1925
Helen Longino, n. 1944
David Wiggins, n. 1933

Conceptos relacionados

falso

«La Luna está compuesta de queso verde. ¿Verdadero o falso?». Las preguntas de verdadero/falso son preguntas sobre el estado de la realidad. Como la Luna, *de hecho*, no esta compuesta de queso verde (o de cualquier otra clase de queso), tal información es *falsa*. No es una descripción precisa de la realidad, sino algo que podemos demostrar mediante una investigación empírica (intentemos zamparnos un bocadillo de roca lunar).

La falsedad se presenta de diferentes maneras. Hay afirmaciones falsas, pero también hay promesas que nunca se cumplirán. Las promesas, que son actos lingüísticos dependientes del futuro, nunca pueden investigarse en el momento en que se hacen, pues tenemos que esperar para averiguar si una promesa es falsa o no.

A diferencia de los enunciados y las promesas falsas, que requieren investigaciones sobre el estado del mundo exterior, la falsedad *lógica* puede identificarse sin recurrir a la observación. Algo es lógicamente falso si contradice verdades establecidas o si su negación (su opuesto) es verdadera. El enunciado «Todos los cuadrados tienen seis lados iguales» es lógicamente falso porque contradice la definición de cuadrado, que es un polígono con cuatro lados iguales, y no seis, y no hace falta mirar un cuadrado para saberlo.

Cuando manifestamos que algo es falso, podemos estar diciendo muchas cosas, como que no se corresponde a la realidad, que se contradice a sí mismo, que es impreciso o que parte de verdades no establecidas. Las «falsedades» son lo que denominamos aserciones falsas o inverosímiles.

En pocas palabras
La falsedad es el estado de ser incorrecto o inválido.

Por qué es importante
Solo distinguiendo entre verdad y falsedad podemos movernos de forma fiable (y segura) por el mundo y confiar en otras personas e informaciones.

Personajes clave
Dorothy Edgington, n. 1941
Gottlob Frege, 1848–1925
Sandra Harding, n. 1935
Linda Zagzebski, n. 1946

Conceptos relacionados
conocimiento, p. 8
objetivo, p. 77
análisis, p. 84
ontología, p. 114

mal

Lo que está «mal» se extiende más allá de lo que es falso y del reino de la precisión factual, aunque ambos términos también pueden utilizarse como sinónimos. Decimos que algo es malo para describir acciones, creencias o afirmaciones que se desvían de lo que consideramos como moral o éticamente correcto; es decir, justificado, justo o aceptable.

En la definición de lo que está mal, en contraste con lo calificado de falso, intervienen criterios muy subjetivos que dependen de nuestro sistema de creencias (valores culturales, sociales o individuales). En el hinduismo, por ejemplo, está «mal» comer carne de vacuno, ya que la vaca está considerada un animal sagrado, lo que no ocurre en otras religiones como el cristianismo o el judaísmo.

La misma acción, por otro lado, puede ser calificada de mala por diferentes razones. Así como hay gente que no come vacuno por motivos religiosos, otros pueden aducir que también está mal porque la cría intensiva de ganado tiene efectos perjudiciales para el medio ambiente. Vegetarianos utilitaristas como Peter Singer afirman que comer carne es malo porque todas las vidas son preciosas y que el placer experimentado por quien se come una hamburguesa de ternera no compensa el dolor sufrido por el animal sacrificado.

Puesto que el mal es subjetivo, es importante preguntarnos por qué una persona, y no otra, actúa «mal». ¿Estamos de acuerdo con su visión de mal? ¿Cuánto mal hay en una hamburguesa?

En pocas palabras
Decir que algo está «mal» es hacer una afirmación (subjetiva) sobre la moralidad de acciones o creencias.

Por qué es importante
La mayoría de las sociedades comparten su visión sobre el concepto de mal. Compartir tales valores nos permite convivir (relativamente) en paz con los demás.

Personajes clave
Carol J. Adams, n. 1951
Alasdair MacIntyre, n. 1929
Kwame Nkrumah, 1909–1972
Susan Wolf, n. 1952

Conceptos relacionados
moral, p. 38
ética, p. 39
realismo, p. 106
normal, p. 134

racional

La racionalidad es un logro cognitivo típicamente (aunque no exclusivamente) humano y consiste en la capacidad de tratar problemas de una forma sistemática con el objetivo de encauzarlos y resolverlos. De entre sus características principales destacan la capacidad de dar respuesta a razones y la adhesión a las exigencias de la lógica.

Imaginémonos que nos ofrecen un nuevo empleo. Es gratificante, atractivo y está increíblemente bien pagado. A pesar de todo, la persona que nos ofrece el empleo lleva una gran barba espesa, y nosotros siempre hemos recelado de las personas con barba. «Cuidado con los discursos largos y las barbas largas», decía el ensayista George Santayana. La respuesta racional a esta situación sería la de aceptar el empleo. Sabemos, por lógica, que una barba (que es fácil de quitar) por sí misma no merece que alguien sea visto con desconfianza.

Muchas veces, sin embargo, la racionalidad se opone a las emociones. ¿Actuamos a partir de hechos o de «un buen instinto»? ¿Nos guiamos por el corazón o la cabeza? Poca gente cree hoy que los dos están netamente separados. En efecto, muchos piensan que están profundamente interrelacionados. La implicación emocional puede ser más sutil y menos evidente, pero esto no quita que a la hora de tomar decisiones sea menos importante que la deliberación racional. Desconfiar de empresarios con barba puede tener menos que ver con la máxima de Santayana que (por ejemplo) con el hecho de que la mayoría de la gente con barba son hombres y que, en sociedades misóginas como la nuestra, algunos hombres pueden tener actitudes sexistas en el trabajo.

En pocas palabras
La racionalidad es una capacidad cognitiva que implica evaluar causas para llegar a conclusiones.

Por qué es importante
La racionalidad es esencial para tomar decisiones firmes.

Personajes clave
Anton Wilhelm Amo, 1703–1759
Simone de Beauvoir, 1908–1986
Michèle le Doeuff, n. 1948
Emmanuel Chukwudi Eze, 1963–2007

Conceptos relacionados

razonable

«¿Por qué no eres *razonable*?». Ser razonable no es simplemente una cuestión de ser capaz de razonar. Decimos que alguien es «razonable» si demuestra una comprensión equilibrada y justa de una situación, pondera puntos de vista opuestos y muestra flexibilidad en las relaciones interpersonales. Ser «irrazonable», por el contrario, es ser intratable, resistirse a razonar y perseguir obstinadamente objetivos que excluyen a los demás.

La razonabilidad es el punto central en torno al que giran el derecho, la política y la democracia. En una sociedad democrática donde los ciudadanos eligen a sus representantes, es importante educar a las personas para que se abran a los puntos de vista y los argumentos de los demás y para que estén dispuestas al compromiso.

Los críticos con el concepto de razonabilidad arguyen que la razonabilidad depende de convenciones sociales y que estas marginan a determinados grupos. A la hora de definir la razonabilidad se invocan más unos conceptos que otros. La filosofía académica, por ejemplo, suele referirse al «ciudadano de a pie», una suerte de persona cualquiera. En Estados Unidos, la legislación contiene referencias al «hombre que corta el césped con las mangas de la camisa arremangadas». La quintaesencia de «hombre razonable» es, significativamente, un hombre. ¿Significa esto que las mujeres son menos razonables? Nuestra idea de quién es razonable y quién no puede ser indexada a sesgos sociales problemáticos.

En pocas palabras
Ser razonable es, supuestamente, ser equilibrado y de mentalidad abierta, aunque (posiblemente) de un modo que favorece a determinados grupos de personas.

Por qué es importante
Las normas de la razonabilidad regulan nuestro comportamiento interpersonal, legal y político.

Personajes clave
Jody Armour
Zara Bain
Darren Chetty, n. 1972
Kristie Dotson, n. 1975
Alexis Shotwell, n. 1974

Conceptos relacionados
privilegio, p. 40
prejuicio, p. 50
ideología, p. 66
normal, p. 134

infinito

No puedo afirmarlo de los demás, pero a mí el infinito me marea, ya que es algo malditamente grande. Cada vez que pienso en él, mi cerebro resbala y pierdo el control. Entiendo qué es en términos conceptuales —algo sin fin, sin límites—, pero no lo puedo describir de la misma manera que otros conceptos, como los cuadrados o los triángulos. Su símbolo matemático (∞) tampoco es de gran ayuda.

En matemáticas, por ejemplo, hay diferentes tipos de infinito. Así, por ejemplo, tenemos el «infinito contable». El conjunto de los números naturales (1, 2, 3, 4...) es un infinito contable, ya que podemos contar los números hasta el infinito. En geometría también existe el «infinito proyectivo». Consideremos el punto en el que dos líneas paralelas se encuentran. Cuando nos las imaginamos sobre un plano bidimensional, las líneas paralelas *parecen* converger en el horizonte. Este es «el punto del infinito» proyectado en la distancia.

Más allá de las matemáticas, las discusiones sobre el infinito son muchas (si no infinitas). Pensemos en el espacio infinito. ¿Lo es el universo? Pensemos en las cualidades. ¿También son infinitas? Los propensos a lo romántico pueden pensar que el amor es infinito, lo que no es tan cursi como puede sonar. El amor, tanto el romántico como el familiar, suelen considerarse ilimitados, lo mismo que cuando hablamos de amor «incondicional». Otras cualidades potencialmente infinitas son la creatividad, la compasión o la sabiduría.

En pocas palabras
Lo que no tiene fin o límites.

Por qué es importante
El infinito es esencial para entender la física, pero también para abordar nuestra vida diaria.

Personajes clave
Anaximander, h. 610–546 a. e. c.
Gilles Deleuze, 1925–1995
Ibn Rushd, «Averroes», 1126–1198
Bertrand Russell, 1872–1970

Conceptos relacionados
existencia, p. 70
nihilismo, p. 86
teoría de partículas, p. 140

eternidad

El concepto de «eternidad» hace referencia a un tipo especial de infinito relacionado con el tiempo y suele asociarse a la idea de un tiempo sin inicio y sin fin (una idea desestabilizadora más a la que nuestra mente debe enfrentarse).

Para complicarlo todo aún más, existen diferentes tipos de eternidad. El concepto de eternidad, por ejemplo, puede usarse para describir un futuro infinito con o sin punto de inicio (por ejemplo, el *Big Bang*). La «eternidad bidireccional», por el contrario, se extiende en ambas direcciones: tanto al pasado como al futuro.

A veces, en discusiones teológicas, las deidades son calificadas de «eternas» (y de infinitas), lo que puede significar que han existido y existirán siempre o que existen fuera del tiempo. El tiempo —ciertamente, el tiempo lineal, que siempre avanza hacia adelante en una dirección— puede ser, como el espacio, una característica de una realidad material. A veces, la gente que cree en objetos inmateriales, como los dioses, los ángeles o las almas, piensa que estas entidades no están sujetas a límites materiales y, por ende, temporales.

Otra concepción de la eternidad implica repetición. De acuerdo con la doctrina de la «recurrencia eterna», todos los hechos del universo son recurrentes en un bucle temporal infinito. Aunque pueda parecer contradictorio, este tipo de eternidad circular depende aparentemente de un tipo de eternidad no circular. Para poder percibir algo repetitivo (incluyendo el tiempo), debemos ser capaces de ver las repeticiones como parte de una serie cronológica que se repite y repite una vez y otra... *ad infinitum*.

En pocas palabras
Tiempo inacabable.

Por qué es importante
Nuestra comprensión del universo requiere que tomemos una posición de cómo funciona el tiempo y de si este es infinito o no.

Personajes clave
Al-Ghazali, h. 1058-1111
Ibn Sina, Avicenna, h. 980-1037
Juliana de Norwich, h. 1342-1416
Zeno, h. 490-430 a. e. c.

Conceptos relacionados
materialismo, p. 124
indeterminismo, p. 130
gnóstico, p. 138

igualdad

La igualdad se refiere al estado de ser igual. Hasta ahí, nada sorprendente. La mayoría de las veces que oímos hablar de ella es en relación con los derechos políticos y legales. Por ejemplo, si apoyamos la igualdad de género, apoyamos la idea de que todas las personas, con independencia de su género, deben tener los mismos derechos y poder acceder a los mismos recursos.

En las sociedades sexistas (la mayoría lo son), los hombres, las mujeres y las personas no binarias reciben un trato diferente. En los patriarcados (del griego, *patria-arche*, «gobierno del padre»), la balanza se decanta abiertamente hacia el hombre, el cual tiene más posibilidades de recibir un salario superior al de una mujer o una persona no binaria por el mismo trabajo realizado. Es una situación desequilibrada que se basa en la evidente superioridad del hombre.

Las disparidades legales han sido corregidas en algunos países, aunque solo en las últimas décadas. Así, por ejemplo, en el Reino Unido, las mujeres no estuvieron legalmente autorizadas a suscribir una hipoteca hasta la aprobación de la Sex Discrimination Act de 1975, mientras que hasta 2010 no se aprobó la Equality Act, que está encaminada a evitar el acoso sexual de la mujer. Del mismo modo, en 2017 se hizo obligatorio que las empresas informaran de la «brecha salarial», esto es, de la diferencia de salario entre hombres y mujeres.

Con todo, la igualdad no implica tratar a todo el mundo de la misma manera, ya que algunos colectivos de personas pueden requerir diferentes medidas para corregir ciertas disparidades. Esto nos lleva al concepto de equidad...

En pocas palabras
El estado de ser igual.

Por qué es importante
Es un objetivo político importante lograr que todas las personas, con independencia de su origen, tengan los mismos derechos y recursos.

Personajes clave
Simone de Beauvoir, 1908–1986
Anna Julia Cooper, 1858–1964
Karl Marx, 1818–1883
Paul C. Taylor, n. 1967
Sojourner Truth, h. 1797–1883

Conceptos relacionados
liberalismo, p. 47
sexismo, p. 48
opresión, p. 52
política identitaria, p. 90

equidad

Como la situación personal de origen de cada persona es diferente, un trato igualitario solo puede lograrse si los recursos se distribuyen según las necesidades de cada una de ellas. Tratar a las personas *igualmente* implica tratarlas de la misma manera (es decir, darles los mismos recursos). Tratar a la gente *equitativamente* significa que los recursos deben asignarse de una manera que parece desigual. Algunas personas desfavorecidas socialmente pueden necesitar más que otras.

El trato equitativo reconoce y persigue rectificar agravios históricos y sistémicos. El objetivo es ofrecer a cada persona una oportunidad de labrarse un buen futuro con independencia de su identidad o su origen social. Imaginémonos a un grupo de personas que para ver un partido de fútbol que se juega al otro lado de una tapia deben subirse a una caja de madera y que pretendemos que todas ellas puedan ver el partido. Tratarlas de forma igualitaria sería que le diéramos a cada una de ellas la misma caja sin tener en cuenta su estatura. A las personas de menor estatura, estas cajas no les servirían de nada, ya que necesitarían cajas más grandes. Tratarlas equitativamente, por el contrario, significa darles una caja diferente en función de su estatura: los niños recibirían cajas más grandes, mientras que las personas altas o que llevaran zapatos de plataforma necesitarían otras más pequeñas.

La igualdad se centra en lo igual. Cada persona tiene derecho a las mismas protecciones legales, al mismo acceso a los recursos y a las mismas oportunidades laborales, mientras que la equidad hace hincapié en lo justo y lo correcto. Así, el tratamiento equitativo reconoce disparidades preexistentes que pretende corregir para que todo el mundo tenga realmente las mismas oportunidades.

En pocas palabras
El tratamiento equitativo tiene en cuenta las ventajas y las desventajas de cada persona.

Por qué es importante
El tratamiento igualitario no siempre soluciona las desigualdades sociales. La política debe tener en cuenta las condiciones preexistentes.

Personajes clave
Moya Bailey Kimberlé Crenshaw, n. 1959
Peggy McIntosh, n. 1934
Charles W. Mills, 1951–2021

Conceptos relacionados
poder, p. 41
racismo, p. 51
prescriptivo, p. 74
comunismo, p. 92

efecto

Una de las preocupaciones centrales de casi todas las tradiciones filosóficas es por qué ocurre todo. Los propensos a un lenguaje más técnico hablan de «causalidad». ¿Por qué *esto* hace que exista *aquello*? ¿Por que mi comentario sobre el corte de pelo de Alan le ha molestado tanto? Y etcétera.

Un «efecto» es algo producido por una causa; es, pues, el producto, la consecuencia, el resultado. «Efecto» también puede referirse a algo que poseemos («efectos personales»). De manera análoga, «hacer efecto» es una expresión que significa «dar el resultado que se esperaba»: «El jefe ha querido *efectuar* un cambio positivo en el entorno laboral y ha empezado a lucir corbatas vistosas». Por otro lado, «afectar», un verbo que se parece mucho al anterior, *también* tiene el significado de influir o hacer que algo cambie («La falta de lluvia afectará el creci-miento de los cereales»).

La filosofía ha desarrollado una amplia gama de modelos causales para explicar el porqué de las cosas, las *causas* y los *efectos*. Algunas de es-tas teorías se centran en interacciones materiales: el lápiz está en el aire porque yo lo he lanzado. Otras, por el contrario, se basan en la relación causal entre los pensamientos y los movimientos corporales. ¿En qué medida hago que mi mano agarre el lápiz y lo lance? Tenía la intención de hacerlo, pero las intenciones no son objetos materiales. Por tanto, ¿cómo ha podido esta causa insubstancial tener el efecto deseado?

En pocas palabras
La causalidad alude a la relación entre causas y efectos. ¡Un efecto es lo que una causa causa!

Por qué es importante
Así es cómo enten-demos el mundo y nuestra capacidad para interactuar con él.

Personajes clave
Demócrito,
h. 460–370 a. e. c.
Jennifer Hornsby,
n. 1951
David Hume, 1711–1776
Helen Steward, n. 1965

Conceptos relacionados

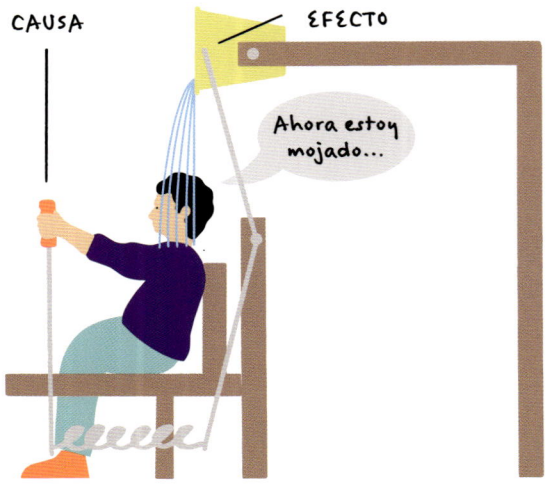

CAUSA   EFECTO

Ahora estoy mojado...

afecto

«Afectar» implica «cambiar» o «influir». Hoy en día, el substantivo «afecto» se emplea para describir una expresión emocional o un sentimiento subjetivo. La palabra, etimológica y conceptualmente vinculada al término «afección», invoca emociones o pasiones.

Los diferentes usos de afecto se solapan. Si estamos afectados por una situación, esto puede dar lugar a un afecto particular. Un afecto es una pasión, una emoción; es decir, un sentimiento. En este sentido, un afecto es también un efecto, si bien, y esto es importante subrayarlo, lo contrario no es cierto.

Las discusiones sobre los afectos fueron importantes en las disputas filosóficas sobre la causalidad que tuvieron lugar durante la edad moderna. En una de las más conocidas de la época, la princesa Isabel de Bohemia le preguntó a René Descartes de qué manera la mente afectaba al cuerpo y producía unos efectos (y afectos) determinados. Las cuestiones sobre causalidad están históricamente ligadas a las cuestiones sobre emociones y afectos.

Hoy en día, la filosofía ya no habla de afectos como lo había hecho en otros tiempos y, dada la confusión que se puede generar entre afectos y efectos, es probable que pocos echen de menos este concepto. No obstante, a quien esté interesado en la historia de las emociones le resultará útil poder distinguir entre afectos y efectos, así como entre efectos personales y afecciones, sin olvidarnos, claro está, de las afectaciones.

En pocas palabras
Una manera de ser; especialmente, en relación con un estado emocional.

Por qué es importante
Este término nos da una idea de cómo los pensadores de la edad moderna concebían las emociones y la causalidad mental.

Personajes clave
Anton Wilhelm Amo, 1703–1759
Isabel de Bohemia, 1618–1680
René Descartes, 1596–1650
Baruch Spinoza, 1632–1677

Conceptos relacionados

placer

¡Madre, mía, vaya estrés! Todo parece apuntar a que en buena parte, si no totalmente, nuestras monótonas vidas no tienen sentido. Por añadidura, están llenas de dificultades, dolores y privaciones capaces de llevar a una persona al límite de la desesperación.

Podemos mitigar pensamientos como este con los «placeres simples» que encontramos por doquier: el olor de un cruasán recién salido del horno, la risa de un niño o el canto de un pájaro.

El «placer» suele relacionarse con la satisfacción sensorial, pero también hay formas de placer no sensorial, como puede ser el placer intelectual: por ejemplo, un chiste. También podemos incluir entre los placeres aquella satisfacción tan particular que nos regala el resolver un crucigrama difícil o la gratificación que sentimos al recordar donde habíamos puesto las llaves de casa. Son placeres que buscamos con frecuencia; los deseamos, los ansiamos. La satisfacción asociada al «placer» es la satisfacción de un deseo o una necesidad.

Una característica común de todos estos placeres es la temporalidad, de ahí que nos insten a buscar placeres más duraderos. Un placer simple no tiende a durar demasiado. Una vez satisfecho, se acabó. El buen olor del cruasán ya ha desaparecido, y nuestra cerveza ya se ha consumido. La temporalidad es lo que diferencia el placer de la felicidad.

En pocas palabras
Una sensación placentera pero transitoria.

Por qué es importante
La vida es dura, y los placeres nos ofrecen un punto de respiro.

Personajes clave
Teresa de Ávila, 1515–1582
Epicuro, h. 341–270 a. e. c.
Søren Kierkegaard, 1813–1855
Baruch Spinoza, 1632–1677

Conceptos relacionados
emoción, p. 28
lujuria, p. 32
liberal, p. 46
estético, p. 120

felicidad

La felicidad, al igual que el placer, también es algo subjetivo, es decir, varía de una persona a otra en función de su carácter, sus esperanzas y sus sueños. Lo que nos hace felices a nosotros puede ser distinto de lo que hace felices a los demás. A diferencia del placer, no obstante, la felicidad se tiene por algo más duradero y profundo y menos volátil. La felicidad, por ejemplo, no está tan ligada a la degustación de un helado de fresa (por muy sabroso que sea), sino más bien al deseo de ser padre, educar a un hijo o ver que este hijo va creciendo y madurando.

La felicidad no es un simple logro sensorial momentáneo, sino que requiere que se refleje en lo que es importante —para nosotros— y que organicemos nuestra vida en torno a un conjunto de valores. La felicidad no solo es menos temporal, sino también más holística que el placer. La felicidad se relaciona con nosotros y nuestro mundo como un todo. Un niño puede experimentar placer al comer galletas y manifestar al mismo tiempo un malestar considerable (por haberse zampado ya tres paquetes de galletas). Por el contrario, una persona feliz —contenta con su trabajo y su vida amorosa y familiar— puede torcerse un tobillo, perder su cartera o caerse al suelo y aún así seguir siendo feliz.

La felicidad implica valor, un valor que se define en relación con otros valores establecidos en función de cómo queremos vivir. El placer, por el contrario, no es nada más que una respuesta psicológica a determinados estímulos externos. La felicidad, y no el placer, es lo que más se acerca a lo que los antiguos griegos denominaban *eudaimonia*, algo que puede traducirse como «vivir bien».

En pocas palabras
Un estado holístico que tiende a ser el resultado de un esfuerzo coordinado y de tener en cuenta valores.

Por qué es importante
Es importante (casi por definición).

Personajes clave
Aristóteles, h. 384–322 a. e. c.
Confucio, h. 551–479 a. e. c.
Christine Korsgaard, n. 1952
Martha Nussbaum, n. 1947

Conceptos relacionados

biológico

La biología es el estudio de los seres vivos (del griego, *bios*, «vida»), y los biólogos estudian organismos tales como enzimas, microbios, arrecifes de coral, humanos o gatos. La biología comprende un amplio abanico de ramas, como la genética, la fisiología, la evolución, la ecología y el estudio de la estructura y la función de las células.

La «filosofía de la biología», un subcampo en crecimiento, examina qué entendemos por «especie» u «organismo». Como muchos de estos términos, cuanto más de cerca nos los miramos, más difuminados se vuelven. ¿Qué hace vivir a un ser vivo? ¿Son los virus seres vivos o simples laberintos genéticos autorreplicantes? ¿Dónde comienza y acaba un organismo?

Los filósofos de la biología también estudian *cómo* existen los seres vivos. Durante mucho tiempo se han trazado distinciones entre entidades biológicas —planta, jabalíes o setas— y lo que a veces denominamos artefactos, objetos habitualmente fabricados por humanos (edificios, automóviles, Tamagotchis, etc.) y que en cierto sentido están considerados menos *reales* que los organismos. Los organismos, que no son dependientes de los humanos o de la sociedad humana para existir, son (en teoría) más *sustanciales*.

Como es obvio, el desarrollo de la biotecnología puede hacernos cuestionar todo lo anterior. Los artefactos biológicos —desde los detergentes hasta la comida modificada genéticamente para ratones— van en aumento y difuminan la frontera entre lo hecho por el hombre y lo biológico.

En pocas palabras
Relativo al estudio de los seres vivos.

Por qué es importante
La vida (bios) suele emplearse como principio para organizar los diferentes objetos que se encuentran alrededor de nosotros y para darles un valor.

Personajes clave
Aristóteles, h. 384–322 a. e. c.
John Dupré, n. 1952
Evelyn Fox Keller, 1936–2023
Mary Midgley, 1919–2018

Conceptos relacionados
instinto, p. 34
científico, p. 96
artificial, p. 105
animismo, p. 112

natural

Los términos «biológico» y «natural» se solapan, y la gente a veces habla del «reino biológico» haciendo referencia al «mundo natural». Existen, no obstante, significativas diferencias de concepto. Por un lado, las entidades «naturales» no siempre son vivas. Las montañas son naturales, igual que los desiertos, los ríos o las cuevas. Los fenómenos naturales incluyen organismos vivientes, pero también formaciones geológicas y modelos meteorológicos. «Natural» suele emplearse para describir procesos o sustancias que no están influidas, creadas o alteradas por la intervención del hombre, del mismo modo que la idea de artefacto «natural» hecho por el hombre es casi una contradicción en sí misma.

En un marco religioso, «natural» puede adquirir un significado especial. Si creemos en un dios creador, el «mundo natural» —creado para y no por el hombre— es un producto de la voluntad de Dios, y puesto que Dios es bueno, las creaciones de Dios también son buenas.

Esta línea de razonamiento nos lleva a la idea de que lo natural también es bueno. Por esto, algunas personas creyentes, sobre todo, los fundamentalistas, suelen calificar determinadas acciones o actitudes de antinaturales, ya que son contrarias a la voluntad de Dios.

Esta clase de argumentación es una falacia naturalista, ya que no todo lo natural es necesariamente bueno o justo. Puede ser que los humanos busquen naturalmente el placer, pero se requiere un salto lógico para pasar de esta afirmación a afirmar que «buscar placer es moralmente bueno».

En pocas palabras
El mundo natural es, en teoría, independiente de la interferencia humana.

Por qué es importante
Una gran cantidad de argumentos sobre asuntos legales, sociales y políticos se fundamentan en la comprensión de lo que es natural y lo que no. Para que estos argumentos cobren sentido debemos saber qué significa «natural».

Personajes clave
Lorraine Daston, n. 1951
Donna Haraway, n. 1944
Ernest Nagel,
1901–1985
Susan Omaya, n. 1943

Conceptos relacionados
moral, p. 38
cientificista, p. 97
falacia genética, p. 144

empatía

Imaginémonos que el gato de un amigo nuestro se acaba de morir. Era un gato viejo que ya estaba muy pachucho. Aun así, nuestro amigo está realmente abatido y tal vez *comprendamos* por qué. Es probable que queramos apoyar a nuestro amigo, pero que al mismo tiempo el deceso del animal nos deje indiferentes. Para tener una respuesta empática a esta situación debemos hacer un esfuerzo activo para entender hasta qué punto le afecta a nuestro amigo la pérdida de su mascota. ¿Cómo nos sentiríamos si nos quedáramos sin una compañía fiel y afectiva? La empatía es la respuesta compleja que ofrecemos ante una situación vivida por alguien de nuestro entorno y requiere abrir la propia mente para intentar conectarla con la mente ajena. Se trata de un proceso cognitivo mediante el cual una persona se proyecta emocionalmente en la situación de otra.

A veces, las declaraciones de empatía suenan vacías. Si, por ejemplo, estamos aterrorizados ante una próxima intervención quirúrgica, es probable que la afirmación de un amigo «entiendo tu preocupación porque una vez tuve una uña encarnada» esté fuera de lugar. La empatía se caracteriza por una profunda conexión emocional a la que se llega escuchando con atención a otra persona y entrando de lleno en su visión de las cosas. Atribuida al psicólogo del siglo XIX Theodor Lipps, la palabra proviene del alemán *einfühlung*, que significa «sentir hacia adentro». En opinión de algunos pensadores como Edith Stein y Simone Weil, la empatía es una suerte de «resonancia afectiva», un caso genuino de una emoción compartida y una parte intrínseca de nuestro compromiso ético con el prójimo.

En pocas palabras
Una respuesta emocional en la que una persona entiende el dolor de otra casi como si fuera el propio.

Por qué es importante
Nos permite ofrecer apoyo a nuestra familia y nuestros amigos y hacerles sentir nuestra proximidad.

Personajes clave
N. Katherine Hayles, n. 1943
Rae Langton, n. 1961
Sojourner Truth, h. 1797–1883
Simone Weil, 1909–1943

Conceptos relacionados
ética, p. 39
conciencia, p. 88
conductismo, p. 126
solipsismo, p. 143

simpatía

Una de las razones por las que los términos simpatía y empatía se usan indistintamente es porque «simpatía», una palabra antigua, se acercaba en otros tiempos a lo que hoy entendemos por empatía. Simpatía deriva del griego *sympatheia* («simpatía» o «sentimiento compartido»), el término que se ha usado históricamente para describir cómo unas personas *entran en* los sentimientos de otras. Por este motivo, muchos textos anglófonos anteriores al siglo XIX usan simpatía y no mencionan la palabra empatía.

Hoy en día, sin embargo, «simpatía» describe una respuesta mucho menos emocional que empatía. Que seamos simpáticos no implica que estemos compartiendo sentimientos; antes bien, una persona simpática simplemente reconoce y expresa preocupación por los sentimientos y dificultades de alguien. Tales respuestas suelen ser expresiones manifiestas de consuelo («ya, ya...») y condolencias («Lamento mucho tu pérdida»). A diferencia de la empatía, este uso de simpatía implica un reconocimiento compasivo de emociones ajenas sin necesidad de compartirlas.

Actualmente, estos dos términos tienen significados distintos, aunque en textos filosóficos y literarios aún pueden encontrarse variaciones de uso. La distinción no siempre se mantiene de una manera rígida (sobre todo, en los comentarios contemporáneos de textos de los siglos XVIII y XIX). Estas palabras, como todas las de este libro, son el producto de una evolución lingüística continua. Por lo tanto, cuidado al usarlas.

En pocas palabras
El reconocimiento solidario de las dificultades de otra persona.

Por qué es importante
Ofrece una base de apoyo y solidaridad interpersonal.

Personajes clave
Philippa Foot, 1920–2010
Baruch Spinoza, 1632–1677
Simone Weil, 1909–1943
Sylvia Wynter, n. 1928

Conceptos relacionados

emoción

Muchos de nosotros nos enfadamos cuando vemos las noticias en televisión. Cuando oímos algo sobre políticos corruptos o negocios sucios sentimos que nos hierve la sangre, nuestro corazón se acelera, apretamos con fuerza los puños y nuestro cerebro salta de un mal pensamiento a otro aún peor. El enfado —como la tristeza, el miedo, el disgusto o el amor— es una emoción, una compleja respuesta psicológica y fisiológica a un estímulo o una situación determinados.

En algunas tradiciones filosóficas, las emociones se consideran como algo en conflicto con todo lo racional. En muchas obras canónicas de la filosofía europea se sostiene que las emociones obnubilan el pensamiento racional y, por ende, constituyen un obstáculo para el buen filosofar. El filósofo ideal es alguien, por lo tanto, que puede apartar sus emociones y enfocar un problema desde un punto de vista estrictamente lógico. Por desgracia, y a causa de la tradicional asociación sexista entre la mujer y las emociones, así como la afirmación de que la racionalidad es algo distintivamente masculino, esta actitud ha contribuido a la creencia errónea y perniciosa de que las mujeres son irracionales e incapaces de filosofar; de ahí, la lamentable afirmación de Immanuel Kant de que «una mujer que tiene la cabeza llena de griego también puede llevar barba».

Aunque es verdad que esta burda división entre emociones y razón aún persiste, también lo es que la filosofía actual la cuestiona cada vez más. Así, no solo se cuestionan las asociaciones de género, sino que pensadoras feministas como Nel Noddings defienden que las emociones pueden tener un papel clave en el pensamiento racional.

En pocas palabras
Las emociones son aquellos sentimientos que, como el enfado, la felicidad o la tristeza, matizan nuestro compromiso con los demás y con el mundo.

Por qué es importante
Comprensibles o no, las emociones enriquecen nuestras vidas y nos aportan felicidad y alegría (lo mismo que la tristeza y el miedo).

Personajes clave
Patricia Hill Collins, n. 1948
Nel Noddings, 1929–2022
Baruch Spinoza, 1632–1677

Conceptos relacionados
racional, p. 14
afecto, p. 21
empatía, p. 26
amor, p. 33

estado de ánimo

Las emociones son respuestas a estímulos o situaciones determinados. Los estados de ánimo, por el contrario, son de carácter más general y duradero y menos selectivos. Una persona malhumorada rara vez lo está por un único motivo particular. No hay una explicación del tipo «me he levantado con el pie izquierdo», sino que el mal humor de esta persona se refleja en todo: los pajarillos la irritan al silbar, el ruido de la cafetera al hervir se le hace insoportable, mientras que en las tostadas nunca hay la cantidad de mantequilla que debería haber: unas veces, muy poca; otras, demasiada.

Un estado de ánimo es un sentimiento general que se expande y adhiere a los objetos y a la gente que nos rodea. Nuestro mal humor, irritabilidad o ansiedad puede ser más un «estado de ánimo general» antes que respuestas directas a algún estímulo determinado. Un filósofo puede afirmar que los estados de ánimo, en contraste con las emociones, carecen de «objetos intencionales». Los estados de ánimo tienen unos límites más vagos que las emociones. Los destellos de ira y las punzadas de amor son relativamente fáciles de identificar (son discretos, delimitados), pero la ansiedad y otros estados de ánimo son escurridizos. Así, pueden aparecer sin que nos demos cuenta y pueden afectar nuestras interacciones emocionales. Si nuestro estado de ánimo es irritable, es posible que nos enfademos más pronto; si presentamos un estado de ansiedad, es probable que lloremos más rápido. Las emociones están enfocadas, mientras que los estados de ánimo pueden ser más difíciles de identificar y suelen presentarse de maneras oscuras.

En pocas palabras
Un sentimiento más general y menos selectivo, como un «malestar».

Por qué es importante
Estos sentimientos de fondo afectan el modo en que interactuamos con el mundo y con los demás.

Personajes clave
Sara Ahmed, n. 1969
Peter Goldie, 1946–2011
Richard Wollheim, 1923–2003

Conceptos relacionados
afecto, p. 21
ideología, p. 66
conciencia, p. 88
fenomenología, p. 118
intencionalidad, p. 129

sarcasmo

Dentro de la esfera de la estética, el área de la filosofía académica que trata sobre aspectos de arte, belleza y cultura, encontramos un subcampo denominado «filosofía del humor». Los expertos en la materia estudian los chistes y la comedia en general para desarrollar teorías que respondan a preguntas como: ¿ Por qué el humor es una parte central de nuestra vida social? ¿Por qué encontramos las cosas divertidas? ¿Son algunos chistes moralmente incorrectos? ¿Son moralmente incorrectos aunque sean graciosos? ¿Y si son *realmente* graciosos?

Pese a ser «la forma más baja del ingenio», el sarcasmo es objeto de análisis filosófico. Se trata de un acto discursivo que conlleva decir algo con la intención de transmitir el significado opuesto, lo que se suele lograr usando un tono burlón o despectivo. Las palabras se estiran y exageran para poner de manifiesto que el hablante está diciendo lo contrario de lo que piensa: «¡Es *tan* fascinante! ¡Cuéntame más!».

El sarcasmo suele emplearse para expresar emociones negativas, como el desprecio o la frustración. La palabra proviene del verbo griego *sarkazein*, que literalmente significa «desgarrar carne» e implica cortar, herir y morder metafóricamente, de ahí que hablemos de «comentarios mordaces». Los comentarios sarcásticos, incluso aquellos que se hacen en tono de broma, son una forma de atacar y pueden ser divertidos (entre amigos) o vengativos; incluso pueden ser expresiones de resistencia (y, por suerte, puesto que el sarcasmo es sobre todo tonal, es fácil fingir que no hemos sido sarcásticos cuando en realidad sí lo hemos sido).

En pocas palabras
Una forma de humor usada para cambiar el significado literal de una afirmación.

Por qué es importante
Dado que el sarcasmo puede cambiar radicalmente el significado de una frase sin cambiar las palabras, debemos ser capaces de reconocerlo para evitar confusiones. También, porque es divertido.

Personajes clave
Roxane Gay, n. 1974
Søren Kierkegaard, 1813–1855
Toni Morrison, 1931–2019
Catharine Trotter Cockburn, 1679–1749

Conceptos relacionados
contradicción, p. 64
ideología, p. 66
nihilismo, p. 86
estético, p. 120

Me encanta estar en peligro de extinción.

ironía

El sarcasmo es una forma de ironía verbal, pero también hay otros tipos de ironía. Las situaciones pueden ser irónicas, pero no sarcásticas. Imaginemos, por ejemplo, que un animalista muere en las garras de uno de los leones que ha intentado salvar durante toda su vida. Existe, también, una ironía dramática, una ironía cósmica, la ironía socrática e incluso algo llamado *lítote*, un recurso retórico mediante el cual se expresa una afirmación negando su opuesto y usando una atenuación para enfatizar. Por ejemplo «Bueno, no soy *in*-feliz».

La ironía implica incongruencia, algo que está fuera de lugar o es inapropiado. Como figura retórica, la ironía enfatiza un contraste entre el significado literal de las palabras y su significado real. Si contemplamos un chaparrón y decimos «¡Qué día tan hermoso!», queda patente que existe una desconexión manifiesta entre la realidad y nuestra evaluación de ella. Una situación se define como irónica si el resultado que describe es relativamente inesperado. Si el puesto de bomberos se incendia mientras los bomberos intentan bajar a un gato de un árbol, hay una discrepancia notable entre el resultado previsto del trabajo de los bomberos y el resultado real.

Para algunos filósofos del humor, la incongruencia es una fuente central de la comedia. La sorpresa, la disonancia cognitiva que deriva de esperarse una cosa y experimentar otra puede ser placentera, divertida o ambas cosas. Algunas personas piensan que la capacidad de la ironía de subvertir las expectativas puede ser útil políticamente porque dirige la atención a suposiciones y, al hacerlo, puede estimular una reevaluación de las ideas preconcebidas.

En pocas palabras
Un recurso lingüístico que manifiesta incongruencia o incorrección manifiestas; con frecuencia, para dar un toque de humor a las cosas.

Por qué es importante
Es una de las formas más placenteras y sutiles de interacción humana.

Personajes clave
Sara Ahmed, n. 1969
Søren Kierkegaard, 1813–1855
Arthur Schopenhauer, 1788–1860
Paul C. Taylor, n. 1967

Conceptos relacionados
placer, p. 22
opresión, p. 52
hegemonía, p. 67

lujuria

Desmelenémonos un poco y olvidemos por un instante nuestra compostura: la lujuria es una de las áreas más apasionantes de la investigación filosófica y es una poderosa emoción humana, un impulso visceral y abrumador que suele asociarse al deseo sexual. La lujuria es un sentimiento habitual, una parte normal de la experiencia humana, y unas veces es fugaz, mientras que otras se siente en las etapas iniciales de una relación amorosa; no obstante, a pesar de su ubicuidad, suele juzgarse de una manera negativa. Según determinadas corrientes de la teología cristiana, por ejemplo, la lujuria es uno de los siete pecados capitales junto con otros pesos pesados de la perdición como la ira o la avaricia.

Existen diferentes razones por las que la lujuria es vista como problemática y por las que está prohibida por muchas religiones. En las religiones abrahámicas (judaísmo, cristianismo e islam), el sexo y el deseo sexual están sometidos a una estricta vigilancia. Así, se cree que la lujuria lleva a las personas a contravenir los contratos religiosos y sociales (por ejemplo, rompiendo los lazos matrimoniales) o, incluso, (¡horror!), a la masturbación. La lujuria también está considerada peligrosa porque es abrumadora y, supuestamente, socava la capacidad de autocontrol, nubla el juicio y perturba la capacidad de razonar (al menos, así se dice).

La lujuria se describe como un impulso a *tener* algo, a *poseerlo*, algo que puede parecer problemático si el objeto del deseo es una persona. En términos generales, no creemos que las personas deban ser posesiones; por lo tanto, la lujuria puede considerarse problemática si nos lleva a pensar en alguien no como una persona sino como un objeto puro y duro, como una colección de atributos físicos que encontramos atractivos.

En pocas palabras
Un deseo (con frecuencia, sexual) de tener o poseer algo o a alguien.

Por qué es importante
La mayoría de las personas, en algún punto de su vida, sienten alguna forma de lujuria.

Personajes clave
Carol J. Adams, n. 1951
Teresa de Ávila, 1515–1582
Rae Langton, n. 1961
Uma Narayan, n. 1958
Virginia Woolf, 1882–1941

Conceptos relacionados
afecto, p. 21
placer, p. 22
emoción, p. 28
fenomenología, p. 118

amor

Imaginémonos que un amiga nuestra habla constantemente de su nueva pareja realzando sus virtudes, entusiasmada con su mandíbula cincelada, su cabello ondulado por el viento o las mariposas que siente en su estómago cuando la ve. Imaginémonos que nuestra amiga únicamente menciona sus atributos físicos (músculos, abdominales, etc.). Ahí podemos pensar si está realmente enamorada o si se trata de simple lujuria.

A diferencia de la lujuria, el amor se considera como una emoción profunda y multifacética caracterizada por el cuidado y la conexión, la intimidad emocional y una preocupación genuina por el bienestar de otra persona. El amor romántico es solo un tipo de amor, junto con el amor a la familia, la autoestima o sentimientos más generales, como el amor a la humanidad. También podemos amar a nuestros amigos, en lo que a veces se denomina amor platónico.

También existe el amor religioso. Así, en sus *Revelaciones del amor divino*, la mística cristiana medieval Juliana de Norwich explora los diferentes elementos del amor de Dios por el hombre y su propio amor por Dios y Cristo. Juliana recurre con frecuencia a imágenes maternales, pues el amor de Dios es maternal, incondicional, protector y compasivo (en contraste con los casi lujuriosos escritos de santa Teresa de Jesús).

El amor y la lujuria suelen presentarse como polos opuestos, aunque la realidad, como es obvio, no está tan netamente dividida. Nuestras emociones, impulsos y deseos pueden, en teoría, categorizarse, pero la fluidez de la experiencia rara vez es tan fácil de comprender.

En pocas palabras
Una emoción compleja y polifacética caracterizada por el cuidado y la conexión.

Por qué es importante
El amor nos conecta a los demás y constituye la base de muchas instituciones sociales, como el matrimonio o la familia.

Personajes clave
Gloria Anzaldúa, 1942–2004
Clare Chambers, n. 1976
bell hooks, 1952–2021
Platón, h. 428–423 a. e. c.

Conceptos relacionados
felicidad, p. 23
emoción, p. 28
estado de ánimo, p. 29
rito, p. 55

instinto

Caminamos de noche por la calle y, de pronto, una persona misteriosa sale corriendo de un portal directa hacia nosotros. Nuestra primera reacción es dar un paso atrás, aunque también podemos salir corriendo o pegarle un puñetazo al individuo. Por suerte, es un amigo que nos ha visto por la ventana y ha salido a saludarnos.

Cuando afirmamos que una acción es instintiva estamos diciendo que se hace sin pensar. Es el cuerpo el que toma el control y reacciona, tal vez, con un patrón conductual fijo de «luchar o huir». Por lo general, se cree que los instintos son comportamientos innatos que se han desarrollado como respuesta a presiones adaptativas. Los hay en gran número en el mundo biológico. Así, muchas especies de aves tienen el instinto de migrar y anidar, mientras que los carnívoros poseen un fuerte instinto cazador (un «instinto asesino») y una tendencia a mostrar los dientes o las garras cuando están en peligro.

Para ser biológicamente precisos, un instinto es un tipo de comportamiento fisiológico, pero nosotros no siempre somos biológicamente precisos, e «instinto» también significa otras cosas. En términos coloquiales, una reacción instintiva es la efectuada sin haberla meditado antes; es una respuesta automática a modo de reflejo. En este sentido, «instinto» puede referirse a cualquier acción que ocurre sin tener conciencia de ella. Supongamos que antes de que nuestro amigo salga a nuestro encuentro hemos pasado por un duro entrenamiento militar. Nuestro instinto será el de exhibir un arma o de enfrentarnos de otro modo a la amenaza. Se trata de un comportamiento aprendido que resulta de una práctica prolongada y repetida. El instinto puede ser un reflejo aprendido, «memoria muscular», así como un imperativo biológico innato.

En pocas palabras
Una respuesta instintiva o innata.

Por qué es importante
Es importante para saber qué fuerzas gobiernan nuestras acciones. Pueden ser las emociones, el pensamiento racional o el instinto (además de otras cosas).

Personajes clave
René Descartes, 1596–1650
Mary Midgley, 1919–2018
Iris Murdoch, 1919–1999
Beverly Daniel Tatum, n. 1954

Conceptos relacionados
biológico, p. 24
conductismo, p. 126
intención, p. 128
agencia, p. 147

intuición

Como cualquier aspirante a detective privado sabe, seguir el instinto visceral es muy importante para resolver un caso. Ahora bien, el instinto visceral ni es un instinto en ninguno de los sentidos ya descritos ni es solo fisiológico, sino que implica un cierto grado de toma de decisiones y de interpretación del mundo social. Estrictamente hablando, el instinto visceral es una intuición.

La intuición es una percepción que no tiene por qué basarse en un pensamiento consciente o un razonamiento explícito. No es un reflejo físico o una reacción biológica, sino una corazonada, una sospecha o una inclinación. Se trata, por lo tanto, de una respuesta cognitiva. Asimismo, la intuición puede resultar útil como atajo mental para procesos más complicados. Pensemos en un médico que se encuentra en medio de una operación quirúrgica delicada y urgente: debe tomar una decisión en una fracción de segundo y no tiene tiempo de sopesar los diferentes pros y contras. Si el cirujano tiene una formación adecuada y mucha experiencia, es probable que su intuición pueda considerarse *casi* fiable para afrontar estas acciones de emergencia.

Por desgracia, a diferencia del instinto, la intuición puede ser mala. Nuestra comprensión intuitiva de una situación puede basarse en información errónea (así, por ejemplo, es probable que el médico no sepa que el paciente es hemofílico). Aun cuando, como «la intuición femenina», está catalogada como un instinto biológico, la intuición es, la mayoría de las veces, el resultado de una socialización (es decir, de cómo nos entrenan para vivir en sociedad). Los datos sociológicos muestran con claridad que la intuición varía de una cultura a otra y, si esto es así y nuestra cultura es políticamente regresiva, nuestra intuición puede ser más conservadora que en otras partes del mundo.

En pocas palabras
Una percepción que no requiere un razonamiento explícito consciente.

Por qué es importante
Recurrimos a la intuición para ir por el mundo, pero a veces podemos perjudicar a ciertas personas y favorecer a otras.

Personajes clave
Daniel Dennett, 1942–2024
Michel Foucault, 1926–1984
Sally Haslanger, n. 1955
Shirley Anne Tate, n. 1956

Conceptos relacionados
saber cómo, p. 108
doble conciencia, p. 136
agencia, p. 147

Tengo un presentimiento.

sexo

La sociedad educada tiende a desaprobar la gente que habla abiertamente de sexo, y probablemente está bien que sea así. «Sexo» puede referirse al acto de tener relaciones sexuales, pero al contrastarlo con el género, la palabra alude a una serie de atributos anatómicos que solemos calificar de masculinos o femeninos. La medicina acostumbra a basar esta clasificación en la apariencia de los genitales externos: quien tiene un pene es un hombre; quien tiene una vagina, una mujer. A lo largo de la historia hemos usado esta forma binaria para dividir al ser humano entre hombres y mujeres y también para clasificar otros animales (aunque el mundo biológico presenta un gran número de ejemplos que desafían esta distinción tan simple, como los caballitos de mar, los gusanos planos o las estrellas de mar).

El modelo binario constituye el eje de la corriente principal de la medicina, pero los biólogos arguyen cada día más que se trata de una mera simplificación. Algunos individuos nacen «intersexuales», es decir, con atributos biológicos, como los genitales o los patrones de cromosomas, que no se ajustan a las definiciones de hombre o mujer. En este sentido, resulta interesante que ciertos atributos biológicos se presenten en el interior; así, alguien con una vagina también puede tener testículos internos, mientras que alguien con un pene también puede tener tejido ovárico interno. Por lo tanto, no es inmediatamente obvio si alguien es intersexual o no, e incluso es probable que una persona ni siquiera lo sepa. Todo esto viene a decir que el sexo está lejos de ser estrictamente binario.

En pocas palabras
El sexo, entre otras cosas, es una clasificación biológica basada en atributos físicos.

Por qué es importante
El modelo binario del sexo organiza nuestras sociedades y suele determinar el tipo de trabajo al que podemos aspirar y nuestras posibilidades en la vida.

Personajes clave
Sara Ahmed, n. 1969
Michel Foucault, 1926–1984
Judith Jack Halberstam, n. 1961
bell hooks, 1952–2021

Conceptos relacionados
biológico, p. 24
sexismo, p. 48
ontología médica, p. 115

género

En contraste con el sexo, el género abarca atributos sociales, culturales y psicológicos. Ser hombre o mujer no tiene que ver solo con la biología, sino con el desempeño de roles, identidades y comportamientos determinados. Ser masculino o femenino no tiene que ver con los genitales, sino con la forma de vestirse, actuar y de enfrentarse al mundo.

A lo largo de la historia, muchas sociedades han tendido a ver una conexión estrecha entre sexo biológico y género. Las personas con pene son hombres, mientras que las que tienen vagina son mujeres. A pesar de todo, reconocer que el género es una suerte de desempeño de roles nos anima a cuestionar esta relación. Así, podemos identificarnos con el género asignado al nacer, lo que nos define como «cisgénero», o no. Nuestra identidad de género puede diferir de la biológica. Las personas transgénero se resisten a la evaluación efectuada al nacer, que se basa en la apariencia de sus genitales.

Las personas no binarias se resisten a asumir que el género, como el sexo biológico, es estrictamente binario, es decir, que a lo mejor no somos ni un hombre ni una mujer y que no nos identifiquemos plenamente con rasgos masculinos o femeninos o que nos identifiquemos con ambos o con partes de ellos. El sexo es un concepto biológico centrado en atributos fisiológicos, mientras que el género abarca las dimensiones sociales, culturales y psicológicas de ser, por ejemplo, una mujer. Por lo tanto, es importante destacar que los binarios estrictos de género y sexo pueden cuestionarse, y es que en mundo hay menos distinciones tajantes de las que muchos quieren hacernos creer.

En pocas palabras
Un desempeño de determinados roles identitarios, como el masculino o el femenino.

Por qué es importante
Separar el género del sexo nos permite entender y explorar nuestras identidades.

Personajes clave
Simone de Beauvoir, 1908–1986
Talia Mae Bettcher
Judith Butler, n. 1956
Sophie-Grace Chappell, n. 1964

Conceptos relacionados
natural, p. 25
interseccionalidad, p. 91
normal, p. 134

moral

La moral es un código de conducta, un conjunto de principios y valores. La moral está en todas partes, lo que no significa que todos seamos siempre «morales», un término que tiende a usarse como sinónimo de «bueno», ya que claramente no lo somos. La moral alude al hecho de que vivimos en sociedades organizadas por códigos de conducta, tanto si nos gustan o no.

En ocasiones, la moral alude a un conjunto de principios y valores establecidos por un determinado grupo. En el corazón de la moral cristiana existe la particular idea de un dios que lo sabe todo y ama a todo el mundo. La moral, no obstante, también puede verse de una manera más amplia para incluir principios que deben seguir todos los seres racionales. Un cristiano, un musulmán y un ateo tienen sistemas morales distintos, pero todos están de acuerdo en que asesinar está mal. Esto quiere decir que a veces los «juicios morales» parecen valer para todo el mundo.

Los sistemas morales que construimos pueden reconocer que ciertos juicios son universales, pero también puede haber circunstancias atenuantes. Si bien en general todo el mundo piensa que matar está mal (quizás, por definición), alguien *puede* creer que matar es lícito en determinadas circunstancias. Matar es algo común en el campo de batalla, de ahí que se considere aceptable en este contexto.

En pocas palabras
La diferencia entre lo que está «bien» y lo que está «mal».

Por qué es importante
La moral está en todas partes. Tanto si nos gusta como si no, existen códigos morales mediante los cuales se organizan las sociedades en las que vivimos.

Personajes clave
Hannah Arendt, 1906–1975
Augustine, h. 354–430
Iris Murdoch, 1919–1999

Conceptos relacionados
mal, p. 13
racional, p. 14
ser bueno, p. 45
ideología, p. 66

ética

Con frecuencia, por ética se entiende el arte de la «vida buena». Nuestra ética es la manera de ir por el mundo, nuestro carácter y nuestro desarrollo personal. La postura ética alude a las virtudes que ejemplificamos, a los valores que más apreciamos y a cómo los ponemos en práctica a diario. El alcance de la ética es más amplio que el de la moral, que se centra en principios y juicios.

¿Por qué ética nos guiamos? Podemos ser amables, galanes, decisivos, valientes, contemplativos o flexibles. Ninguna de estas características es mejor o peor que otras, y tampoco están «bien» o «mal» por sí mismas, sino que son diferentes maneras de afrontar las situaciones en las que nos encontramos. Así, por ejemplo, podemos tener una ética fuerte que haga hincapié en el trabajo duro y la diligencia en nuestro día a día, aunque también podemos tener un *ethos* más relajado que nos invite a mantener las cosas «tranquilas».

La moral alude a un sistema abstracto de principios y leyes, mientras que la ética es nuestra manera de incorporar este sistema abstracto, cómo se refleja en nuestras actitudes hacia los demás y cómo lo hacemos realidad.

En pocas palabras
El arte de la
«vida buena».

Por qué es importante
La ética es la manera
en que decidimos vivir
y tratar a la gente. La
ética está formada por
el carácter, el desarro-
llo personal y la actitud
hacia el mundo.

Personajes clave
Martin Luther King,
1929–1968
Christine Korsgaard,
n. 1952
Martha Nussbaum,
n. 1947

**Conceptos
relacionados**
felicidad, p. 23
natural, p. 25
relativismo, p. 107

privilegio

Como hombre blanco y sin discapacidad alguna en la sociedad británica tengo algunas ventajas inmerecidas (privilegios) que hacen que mi vida sea más fácil que la de otras personas. Así, según las estadísticas, tengo menos posibilidades que las personas negras de que la policía me pare o me registre, tengo más posibilidades de ascender en el trabajo que las mujeres que ocupan el mismo puesto y, en comparación con un usuario en silla de ruedas, puedo acceder a los servicios públicos con mayor facilidad. Estos privilegios no me los he ganado, sino que resultan de tener una determinada identidad en un tipo de sociedad muy concreto.

Con demasiada frecuencia, tales privilegios pasan desapercibidos y no son sometidos a discusión alguna. En cambio, las personas pueden definir su posición en la sociedad como «natural» o como el resultado de su innata brillantez. La activista antirracista e investigadora científica Peggy McIntosh califica de «privilegio blanco» una mochila invisible que las personas blancas llevan consigo y que contiene los efectos diarios del privilegio blanco.

Así, por ejemplo: «Puedo encender la televisión y ver gente de mi raza ampliamente representada». En general, a las personas blancas educadas en hogares blancos y en sistemas educativos de mayoría blanca no se las anima a deshacerse de la mochila que llevan y, de una manera intencionada o no, no pueden revisar sus privilegios, ya que hacerlo implica reconocer que el mundo es mucho más complicado y un lugar mucho más duro para las demás personas. Es mucho más fácil creer en la genialidad de cada uno que creer que el éxito se debe a características identitarias.

En pocas palabras
Una ventaja social inmerecida.

Por qué es importante
Las sociedades que de forma automática garantizan privilegios a unos, sí, y a otros, no, no son igualitarias.

Personajes clave
bell hooks, 1952–2021
Zeus Leonardo
Audre Lorde, 1934–1992
Charles W. Mills, 1951–2021

Conceptos relacionados
identidad, p. 6
liberalismo, p. 47
misoginia, p. 49
interseccionalidad, p 91

poder

Ser privilegiado es tener un tipo de poder. Los privilegios pueden abrir muchas puertas, pero solo benefician a unas pocas personas concretas y no a los sistemas y las estructuras de los que emana realmente el poder. En el discurso público general, gran parte de la lucha antirracista implica «comprobar los privilegios de cada uno» (o examinar los «sesgos inconscientes»). A las personas blancas se las anima a pensar en todas las ventajas que tienen por el hecho de ser blancas. Esta clase de toma de conciencia es muy importante, pero también supone que el racismo contra los negros puede ser abordado por individuos.

El educador estadounidense Zeus Leonardo sostiene que el concepto de privilegio blanco es insuficiente para una acción antirracista eficaz y que no solo implica que las personas blancas no son conscientes (y, por tanto, responsables) de sus ventajas, sino que desvía la atención de las estructuras que enseñan a los blancos a ningunear los sistemas invertidos en el empoderamiento blanco. Las personas blancas no solo tienen «prejuicios inconscientes», sino que están comprometidas activamente a ignorar su blancura.

Tradicionalmente, «poder blanco», como también «supremacía blanca», se han empleado para referirse a grupos y movimientos extremistas y explícitamente antinegros. Igual que la autora y activista bell hooks, Leonardo sostiene que perduran formas más insidiosas de empoderamiento blanco arraigadas en nuestra vida diaria que son más poderosas por ser invisibles.

En pocas palabras
Una fuerza social.

Por qué es importante
Entender la diferencia entre poder y privilegio es esencial para combatir la opresión sistémica.

Personajes clave
Kimberlé Crenshaw, n. 1959
Kristie Dotson, n. 1975
Zeus Leonardo
Kwame Nkrumah, 1909–1972

Conceptos relacionados

raza

«Raza» es una de las muchas maneras de categorizar a las personas. De una persona podemos decir que es negra o blanca, y al hacerlo estamos dirigiendo la atención a una diferencia basada en características físicas tales como el color de la piel, los rasgos faciales, la textura del cabello u otras características anatómicas. Durante mucho tiempo se ha asumido que estas categorías (blanco, negro y asiático) corresponden a categorías biológicas reales (subspecies). Esta asunción, a veces denominada «ciencia de la raza» o «racismo científico», ha constituido la base de políticas y leyes racistas que consideran algunos grupos como naturalmente (biológicamente) inferiores o superiores a otros.

La ciencia moderna, sin embargo, reconoce que estas categorías no reflejan la realidad biológica. No hay un gen negro o un gen blanco; de hecho, la diversidad genética *dentro* de los grupos raciales puede ser tan significativa como la diversidad *entre* ellos. Es verdad que nuestros rasgos tienen un origen biológico, pero la falta de melanina en mi piel, que es lo que nos hace parecer «blancos» (más bien amarillentos y rosados), solo es una característica de nuestra compleja y enmarañada herencia genética.

En vez de pensar que «raza» es un término biológico, muchos consideran hoy que es una construcción social. La diferencia racial es creada (construida) y definida por las sociedades y se impone externamente a los individuos; con frecuencia —quizá siempre—, de un modo que preserva ciertas estructuras de poder. Así, si somos considerados «blancos» en una sociedad supremacista blanca, dispondremos de más poder y privilegios que si somos considerados como una «persona de color».

En pocas palabras
Una construcción social a la que en otros tiempos se le había atribuido una base biológica.

Por qué es importante
La raza es uno de los muchos modos en que la gente intenta justificar sistemas de opresión.

Personajes clave
Anna Julia Cooper, 1858–1964
W. E. B. Du Bois, 1868–1963
Frantz Fanon, 1925–1961
Paul C. Taylor, n. 1967

Conceptos relacionados
racismo, p. 51
política identitaria, p. 90
doble conciencia, p. 136

etnia

Al igual que la raza, una etnia se construye socialmente y engloba una cantidad aún mayor de rasgos, tanto físicos como no físicos. La etnicidad alude a características culturales compartidas, tales como el idioma, la ascendencia, las costumbres y un sentimiento de historia común, y puede, aunque no siempre, incluir alguna referencia al aspecto de los individuos.

A mí, por ejemplo, me suelen clasificar como «blanco», lo que significa que la sociedad británica me considera hoy un blanco. En otros tiempos, no obstante, a mí me habrían calificado de judío, y como judío askenazi tengo antepasados de varias regiones de Europa oriental, donde vivían en diversas comunidades con costumbres compartidas y rasgos genéticos comunes a otras personas de Europa oriental que no son consideradas judías. Para complicarlo todo aún más, las personas pueden ser calificadas de judías en virtud de su conversión a la religión judía, por lo que no hay que ser étnicamente judío para ser considerado «judío», ya que el término también alude a una creencia religiosa. Al mismo tiempo, para ser étnicamente judío no es necesario ser de religión judía, ya que una persona puede haber nacido en una familia judía con una herencia cultural particular sin práctica religiosa alguna.

Teniendo en cuenta lo confuso que es todo esto, no sorprende que las cuestiones sobre raza y etnia suelan ser controvertidas. Las definiciones de raza y etnia como las anteriores suelen ser muy contestadas, ya que son construcciones sociales, y las sociedades (trágica e inevitablemente) no siempre construyen las cosas de una manera clara o bien articulada.

En pocas palabras
Otra construcción social usada para agrupar a las personas. Puede referirse a un conjunto de rasgos físicos y no físicos.

Por qué es importante
Al igual que la raza, la etnia es una de las muchas maneras de agrupar a las personas; a veces, en beneficio de ellas; otras, en perjuicio.

Personajes clave
Emmanuel Levinas, 1906–1995
Edward Said, 1935–2003
Gayatri Spivak, n. 1942
Shirley Anne Tate, n. 1956

Conceptos relacionados
privilegio, p. 40
opresión, p. 52
esencial, p. 62
«filosofía», p. 154

hacer el bien

Está bien hacer cosas buenas, ¿o no? Esto parece casi una perogrullada, y muchas de nuestras teorías morales y éticas así lo reflejan. La mayoría de nosotros asumimos que la moral radica, quizás incluso en sus fundamentos, en la capacidad de «hacer el bien» en el mundo.

En cierto sentido, «hacer el bien» es hacer que sucedan cosas buenas. Hacemos el bien si logramos ayudar a la gente, a aumentar la felicidad, aliviar el sufrimiento o creamos unas condiciones básicas de paz y armonía. En este sentido, hacer el bien se centra en las *consecuencias* de nuestras acciones.

Si nos interesan las buenas acciones, entonces tenderemos a evaluar la moral de una acción según su resultado. Si calculamos «la cosa buena que hay que hacer», analizaremos los efectos de una acción en el mundo. Si con la reanimación boca a boca salvamos una vida, eso es bueno; dejar el coche en marcha mientras está aparcado contribuye al calentamiento global del planeta; por lo tanto, eso es malo. Los utilitaristas, que se centran en la «utilidad» de sus acciones para el bien general, ponen énfasis en la importancia de los buenos resultados.

Este tipo de evaluación moral puede derivar en una suerte de análisis de costes y beneficios. Imaginémonos, por un instante, que a un ayuntamiento local se le solicita que apruebe un ambicioso proyecto industrial. Este razonamiento, denominado «consecuencialista», implica ponderar las consecuencias de tal proyecto: así, puede crear muchos puestos de trabajo, pero también puede dañar el ecosistema local. Si pretendemos «hacer el bien» (el bien en *mayúsculas*), entonces debemos calcular y comparar las consecuencias potenciales.

En pocas palabras
Algunos sistemas morales —como el consecuencialismo— se basan en *hacer* lo correcto y subrayan el resultado de una acción en vez de la acción en sí misma.

Por qué es importante
Calibrar el valor de las consecuencias de nuestras acciones es una de las maneras más importantes que tenemos para decidir qué hacemos.

Personajes clave
G. E. M. Anscombe, 1919–2001
Jeremy Bentham, 1748–1832
Anita Silvers, 1940–2019
Peter Singer, n. 1946

Conceptos relacionados

ser bueno

Dado que pensamos que hacer el bien es bueno, es extraño que usemos el término «bienhechor» como un insulto, pues insinúa que en *hacer* el bien hay algo sospechoso, y, pensándolo bien, quizás lo haya. El concepto «bienhechor» conlleva un toque de petulante fariseísmo y resalta hasta qué punto hacer el bien puede ser una suerte de actuación teatral. Llamamos bienhechores a personas que alardean de sus buenas acciones, y existen muchas razones no morales y definitivamente inmorales para *actuar* como si fuéramos una persona moral. De hecho, llevar a cabo buenas acciones puede usarse para camuflar otras actividades menos buenas.

En contraste con las teorías morales consecuencialistas, la «ética de las virtudes» pone énfasis en el desarrollo de un carácter virtuoso. El principal objetivo no es hacer cosas buenas, sino ser bueno, pensar en los valores y las virtudes que deseamos encarnar (caridad, valor, generosidad, etc.) y encarnarlos. La ética de las virtudes reconoce que a veces podemos hacer cosas buenas y ser inmorales y que podemos ser personas morales y hacer que ocurran cosas malas.

La distinción entre ambos enfoques, entre hacer el bien y ser bueno, está clara en nuestro paisaje político. Los políticos se esfuerzan por hacer cosas buenas, y a veces lo logran. Sus motivaciones, sin embargo, son oscuras. Los políticos «con principios» actúan ante todo de acuerdo con sus valores y no guiándose por la opinión popular, lo que es admirable, pero reduce sus posibilidades de ser reelegidos y de hacer el bien a largo plazo.

En pocas palabras
La ética de las virtudes se centra más bien en juzgar la bondad de una acción antes que sus consecuencias.

Por qué es importante
Lo que está bien y mal es algo más que un análisis de los costes y los beneficios de sus consecuencias. Es la intención lo que realmente cuenta.

Personajes clave
Aristóteles,
h. 384–322 a. e. c.
Christine Korsgaard,
n. 1952
Martha Nussbaum,
n. 1947

Conceptos relacionados
felicidad, p. 23
ética, p. 39
prescriptivo, p. 74
relativismo, p. 107

liberal

Hoy en día, las natillas veganas son sorprendentemente buenas. Cada vez que hago un *crumble* de manzana (muy a menudo, por cierto) añado natillas veganas con *liberalidad*. Mis amigos pueden decir que con demasiada liberalidad, pues suele haber más natillas que *crumble*. «Liberal», en este sentido, significa «de una manera generosa» o desinhibida, y es que a la hora de añadir las natillas soy muy permisivo.

La palabra «liberal» puede significar algo parecido cuando hablamos de política. Afirmar que alguien tiene «un enfoque liberal» a la hora de educar a sus hijos significa que no pone unos límites demasiado estrictos o restrictivos. Ser un padre liberal implica ser flexible a la hora de hacer cumplir las normas a sus hijos y alentar a que sean independientes. Los padres menos liberales (o activamente iliberales) critican que este tipo de flexibilidad, una actitud de dejar hacer al niño, puede ser demasiado desestructurada; por consiguiente, son más partidarios de la disciplina y confían en el cumplimiento de las normas y el castigo para educar a los hijos.

«Liberal» también se usa como sinónimo de «progresista», quizás porque la gente liberal puede ser de mente abierta y flexible ante nuevas ideas, mientras que la gente iliberal es más conservadora. Este uso de liberal es habitual en la política. Tener una actitud liberal hacia diferentes prácticas culturales significa estar abierto a ellas. El término «liberal» puede significar generoso, permisivo, progresista, flexible, de mente abierta y tolerante y lo usamos con liberalidad en diferentes contextos.

En pocas palabras
Puede significar ser generoso o permisivo.

Por qué es importante
Tener una mente abierta (liberal) puede ser importante para interactuar con gente con la que no compartimos los mismos puntos de vista.

Personajes clave
Hannah Arendt, 1906–1975
José Medina
Desmond Tutu, 1931–2021

Conceptos relacionados

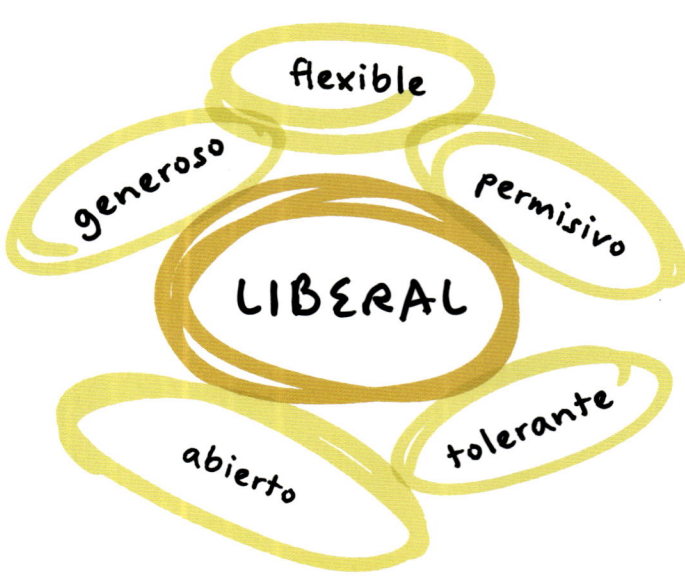

liberalismo

Por desgracia (y de manera confusa), el término «liberal» se emplea en un sentido diferente, más específico, en el ámbito político. El liberalismo, la doctrina que siguen los políticos liberales, es una filosofía política muy particular que enfatiza la importancia de los derechos individuales, la libertad, la igualdad y el Estado de derecho. El liberalismo afirma que los ciudadanos deben ser libres de hacer lo que quieran en la medida de lo posible. Esto significa, por ejemplo, que los liberales defienden una intervención limitada de los gobiernos y piensan que el Estado debería involucrarse lo mínimo posible en nuestras vidas privadas. También dan prioridad a la protección de los derechos individuales, tales como la libertad de expresión o la separación de la Iglesia y el Estado para proteger la libertad de culto e impedir la imposición de una religión determinada.

Asimismo, los políticos liberales apoyan «el poder de la ley» y sostienen que una sociedad justa y ordenada debe basarse en las leyes y que estas deben aplicarse a todo el mundo del mismo modo. En este sentido, dado que desean limitar la intervención gubernamental, la mayoría de las leyes que promueven se organizan alrededor del «principio del daño», que en su forma canónica se encuentra en textos del siglo XIX de John Stuart Mill y Harriet Taylor y que sostiene que el poder solo puede ejercerse sobre los ciudadanos si previene el daño a los demás.

El liberalismo no es necesariamente «liberal» en el sentido de progresista. El político liberal aspira a que los ciudadanos se las arreglen por su cuenta, algo que conlleva, por ejemplo, una estricta educación de los niños, así como puntos de vista iliberales sobre la aplicación de las natillas al *crumble*.

En pocas palabras
La opinión de que la gente debería hacer lo que le plazca en libertad mientras no cause daño ni a ella misma ni a los demás.

Por qué es importante
Probablemente es la ideología política dominante en el mundo.

Personajes clave
Kwame Anthony Appiah, n. 1954
Thomas Hobbes, 1588–1679
Charles W. Mills, 1951–2021
Jean–Jacques Rousseau, 1712–1778

Conceptos relacionados
comunismo, p. 92
neoliberalismo, p. 99
autocracia, p. 102

sexismo

El sexismo alude a la discriminación o al prejuicio basados en el sexo y, en un sentido técnico, puede perjudicar a cualquiera, si bien, en realidad, afecta mucho más a las mujeres. El sexismo es un conjunto de creencias (por ejemplo, que los hombres son más racionales que las mujeres) y prácticas (desigualdades laborales) que contribuyen a la subordinación de un grupo a otro.

El sexismo puede ser individual o institucionalizado. Un ejemplo de sexismo interpersonal puede ser el «*mansplaining*», en que un hombre le explica algo a una mujer creyendo, erróneamente, que por ser hombre entiende el asunto mejor que ella. El sexismo institucional, a su vez, da forma a estas creencias. Los clubs de «solo hombres» son sexistas porque discriminan a las mujeres por ser mujeres.

Aquí es importante destacar que, si bien gran parte del sexismo es abiertamente hostil, también puede parecer benevolente y camuflado de buenas intenciones. Un hombre que abre una puerta al tiempo que pronuncia la frase «las señoritas, primero» no tiene, aparentemente, nada de malo, pero la acción invoca la creencia que las mujeres son frágiles y débiles y necesitan al hombre.

Las sociedades sexistas, que son la mayoría, si no todas, imponen una jerarquía fundamentada en el sexo y el género, con los hombres en el vértice y todas las demás personas, en la base. Estas sociedades reciben el nombre de patriarcales (del griego *pater*, «padre», y *archein*, «gobernar»).

En pocas palabras
Discriminación basada en el sexo.

Por qué es importante
Explica cómo las mujeres son oprimidas por el hecho de serlo. Como tal, es una importante herramienta conceptual para entender y proteger los derechos de la mujer.

Personajes clave
Sara Ahmed, n. 1969
Simone de Beauvoir, 1908–1986
Kate Manne, n. 1983
Sojourner Truth, h. 1797–1883

Conceptos relacionados
racional, p. 14
privilegio, p. 40
dominación, p. 53

misoginia

La palabra «misoginia» también tiene orígenes griegos y proviene de *misos*, «odio», y *gyne*, «mujer» (el odio al hombre se denomina «misandria» (del griego, *andros*, hombre). Mientras que el sexismo implica prácticas y creencias, la misoginia se caracteriza por un odio y un desprecio profundo hacia las mujeres. Los insultos que comparan las mujeres con los animales, por ejemplo, son degradantes y causan repugnancia.

El sexismo y la misoginia no son actitudes «naturales», sino que forman parte de una ideología política: el patriarcado. Según la filósofa Kate Manne, la función de la misoginia es imponer actitudes sexistas y castigar y controlar a las mujeres que las desafíen. Pensemos en la creencia sexista de que las mujeres deben ser recatadas y respetuosas con las necesidades de los hombres. Las mujeres que rechazan esta creencia, que persiguen la liberación sexual, están desafiando los roles de género tradicionales. En un patriarcado, sus acciones son tildadas de «típicas de prostitutas». La misoginia es una manera de poner las mujeres «en su sitio».

El sexismo y la misoginia están dirigidas hacia las mujeres (también hacia las personas intersexuales y, a veces, hacia los hombres), pero las sociedades patriarcales impactan de manera negativa en todo el mundo. Cuando se controlan los roles de género tradicionales, cuando se obliga a las personas a cumplir ciertas expectativas sociales, se les niega la posibilidad de elegir. Esto incluso es cierto cuando —como los hombres— se benefician de ciertos privilegios. En un patriarcado, los hombres deben ajustarse a un rol tanto como las mujeres. Sus riesgos son menores, pero aun así corren el riesgo de sufrir el rechazo de la sociedad si desean explorar rasgos «femeninos» como la maternidad o la sensibilidad.

En pocas palabras
El odio a las mujeres.

Por qué es importante
La misoginia es mala por ella misma porque pretende imponer una ideología sexista.

Personajes clave
Gloria Anzaldúa, 1942–2004
Moya Bailey
Kristie Dotson, n. 1975
Sabina Lovibond

Conceptos relacionados
racismo, p. 51
ideología, p. 66
política identitaria, p. 90

prejuicio

«No quiero tomates. Los tomates son asquerosos».
«¿Cómo sabes que son asquerosos si nunca los has probado?».

Prejuicios es algo que podemos tener contra cualquier tipo de cosas, desde los tomates a las ciudades, desde los coches hasta los sabores de un helado. Estrictamente hablando, un prejuicio es simplemente un juicio previo, un punto de vista o una opinión sobre algo que no están basados en la experiencia. En la mayoría de los casos, cuando hablamos de prejuicios hablamos de opiniones vertidas sobre grupos de personas que se fundamentan en la raza, el género o la religión. Así, con demasiada frecuencia, oímos historias sobre determinados grupos (estereotipos) y emitimos opiniones sobre sus miembros sin haber conocido a ninguno de ellos. Si la gente sabe que soy judío puede inferir, basándose en estereotipos negativos, que pertenezco a una camarilla poderosa (no lo soy). Teorías conspiratorias como esta surgen de los estereotipos.

Los prejuicios se manifiestan de manera negativa, pero también pueden hacerlo de una manera aparentemente positiva. Existen, por ejemplo, estereotipos sobre judíos que afirman que los judíos son divertidos y buenos en los negocios. A corto plazo, si soy judío, puedo beneficiarme de tales prejuicios (ya que la gente puede ser propensa a reírse fácilmente de mis chistes), pero incluso los prejuicios positivos son dañinos. Un prejuicio es un razonamiento descuidado (si es que puede calificarse de razonamiento) que se basa en la asunción de que todos los miembros de un grupo son iguales y se muestran incapaces de actuar como individuos y de forma independiente.

En pocas palabras
Un prejuicio es una opinión que se emite antes de comprobar si es falsa o verdadera.

Por qué es importante
Al ser juicios poco fiables, los prejuicios pueden generar argumentos poco sólidos y discriminación.

Personajes clave
Linda Martín Alcoff
W. E. B. Du Bois, 1868–1963
Alicia Garza, n. 1981
Gayatri Spivak, n. 1942

Conceptos relacionados
privilegio, p. 40
raza, p. 42
opresión, p. 52
doble conciencia, p. 136

racismo

El racismo es una forma concreta de prejuicio e implica la creencia de que algunas personas son superiores a otras por pertenecer a una raza determinada (la visión racista de que los blancos son superiores a otros grupos raciales recibe el nombre de «supremacía blanca»). El racismo es un prejuicio que, de alguna manera, está respaldado socialmente y es fomentado por el poder. Si un estudiante de color se mofa de su compañero blanco diciéndole que come alimentos sosos y que no sabe bailar, esto es un prejuicio. No obstante, por daño que pueda hacer, no es racista, ya que la sociedad favorece y empodera más a los blancos que a las personas de color. El racismo es un prejuicio con un trasfondo social. Cuando un estudiante blanco afirma que su compañero negro debe de ser un excelente bailarín, lo hace en el contexto de una sociedad que, de una manera rutinaria y sistemática, atribuye a los negros una mayor fuerza física y una capacidad de razonar menor, una sociedad que destaca las proezas atléticas por encima de otros logros. Se trata de un prejuicio racial con poder social que fomenta el racismo.

El término «racismo» se complica por ser la raza una clasificación social, y no biológica. Las personas pueden ser «racializadas» (vistas como pertenecientes a una raza determinada) de manera diferente en contextos también diferentes. Así, a veces me dicen que soy blanco, mientras que otras afirman que soy judío, lo que plantea la cuestión de si el antisemitismo es racismo u otra clase de prejuicio. A veces también me han dicho que soy «árabe». La raza es una construcción social; por lo tanto, es la sociedad la que determina quién es blanco y quién no y qué privilegios se le conceden en consecuencia.

En pocas palabras
Prejuicio empoderado socialmente y centrado en la raza.

Por qué es importante
Es una forma de opresión que debe ser identificada para combatirla.

Personajes clave
Sara Ahmed, n. 1969
Patricia Hill Collins, n. 1948
Charles W. Mills, 1951–2021
Shirley Anne Tate, n. 1956

Conceptos relacionados
privilegio, p. 40
raza, p. 42
capitalismo, p. 98
concienciación, p. 137

opresión

En términos generales, la opresión es un ejercicio de autoridad injusto o cruel sobre individuos o grupos, tiene un origen estructural o institucional y se manifiesta en las leyes, la economía y la política al imponer una carga injusta sobre un grupo concreto de personas.

Aunque en ocasiones hablemos de la opresión que ejercen algunas personas, por lo general hablamos de ella en relación con regímenes políticos, entornos y sociedades. El apartheid de Sudáfrica, por ejemplo, que limitó los derechos políticos y el movimiento de la población no blanca, fue una sociedad opresiva; la Alemania nazi o los Jemeres Rojos de Camboya fueron regímenes opresivos. Muchos de nosotros asumimos hoy que vivimos en sociedades libres, pero la verdad es que muchos gobiernos continúan llevando a cabo políticas opresivas de tipo racista, homófobo o xenófobo.

La opresión suele basarse en prejuicios (como el racismo), está indexada en características como la raza, el género, la clase social, la nacionalidad o la discapacidad y viene a ser la manifestación concreta de estos prejuicios. Por ejemplo, muchos gobiernos aplican la política llamada de «entorno hostil» con el objetivo de contener la inmigración; para ello, crean un entorno explícitamente hostil (opresivo) para inmigrantes indocumentados. Una serie de políticas, como la restricción de visados o los controles de inmigración a inquilinos, crean un clima inhóspito (opresivo) para desincentivar la inmigración.

En pocas palabras
El ejercicio de autoridad injusto o cruel sobre grupos o individuos.

Por qué es importante
Es una forma de injusticia que caracteriza muchas relaciones sociales. Debemos ser conscientes de ella para combatirla.

Personajes clave
Anna Julia Cooper, 1858–1964
Paul Gilroy, n. 1956
Charles W. Mills, 1951–2021
Iris Marion Young, 1949–2006

Conceptos relacionados

dominación

Así como la opresión puede no tener rostro, la «dominación» alude a una relación específica entre el poderoso y el no tan poderoso y conlleva la restricción de la libertad y la autonomía de un grupo en beneficio de otro. De esta manera, por lo menos, es como la politóloga Iris Marion Young diferencia los dos conceptos. La dominación enfatiza dinámicas en entornos sociales en los que los dominantes dirigen y controlan las acciones y las oportunidades de los demás, que se encuentran claramente en desventaja.

De la opresión se puede hablar en términos pasivos. Una atmósfera opresiva no requiere por fuerza personas que opriman, sino que puede aludir, por ejemplo, a una habitación pequeña y oscura. La dominación, en cambio, es activa —o, más bien, interactiva— y se manifiesta en la relación entre personas. Un grupo *domina* a otro grupo, le impone su voluntad, sus creencias y su modo de pensar. La palabra «dominar» viene del latín *dominus*, «maestro», y un maestro es maestro de los demás.

En opinión de Young, la opresión es una forma de injusticia sistémica y, en gran medida, grupal arraigada en estructuras e instituciones sociales. La dominación tiene más que ver con el ejercicio del poder dentro de relaciones sociales y no es solo política. En el fútbol, por ejemplo, se dice que un equipo domina a otro si le priva del control del balón y le marca varios goles, mientras que en el ámbito financiero un gigante de la tecnología domina el mercado cuando destaca por encima de sus competidores.

En pocas palabras
Una relación opresiva entre individuos o grupos.

Por qué es importante
Algunas formas de dominación son menos graves que otras. La combinación de dominación y opresión puede ser particularmente nociva.

Personajes clave
Gloria Anzaldúa, 1942–2004
Frantz Fanon, 1925–1961
Toussaint Louverture, 1797–1802
Sojourner Truth, h. 1797–1883

Conceptos relacionados
racismo, p. 51
política identitaria, p. 90
capitalismo, p. 98

aprendizaje memorístico

Cuando iba a la escuela, hace muchos, muchos años, aprendí las tablas de multiplicar repitiéndolas una y otra vez. Uno por dos, dos, dos por dos, cuatro... Esta forma repetitiva de educación recibe el nombre de «aprendizaje memorístico» y consiste en aprender algo de manera mecánica y, a veces, sin entender por completo qué se está aprendiendo. A mí, por ejemplo, me instaron a aprenderme Shakespeare «de memoria», lo que suponía mucha repetición, pero mucha menos comprensión de toda su arcana fraseología. El objetivo del aprendizaje memorístico es crear almacenes mentales de información a la que podamos recurrir más tarde.

Según los filósofos especialistas en ética de las virtudes, podemos desarrollar rasgos de carácter positivos mediante un proceso similar. Si creemos que la bondad es una virtud importante, el filósofo puede animarnos a realizar una y otra vez actos bondadosos hasta que se conviertan en una segunda naturaleza, es decir, una respuesta espontánea arraigada en nuestro carácter independiente de cualquier razonamiento. Así como yo puedo afirmar sin pensar que ocho por ocho es igual a sesenta y cuatro, alguien que ha ejercitado la bondad una y otra vez puede realizar actos bondadosos sin pensarlos con anterioridad. Los filósofos de la ética de las virtudes lo llaman «habituación», y es una manera de cultivar hábitos virtuosos mediante un aprendizaje memorístico. Igual que con las matemáticas o la poesía, este tipo de educación moral es efectivo cuando el alumno se implica en él y comprende lo que está sucediendo.

En pocas palabras
El aprendizaje memorístico es una forma de aprendizaje usada en ámbitos académicos y (a veces) éticos.

Por qué es importante
El aprendizaje memorístico de la ética ofrece una perspectiva diferente a la hora de tomar decisiones éticas enfocada a agudizar los instintos éticos y no el pensamiento racional.

Personajes clave
Pierre Bourdieu, 1930–2002
Confucio, h. 551–479 a. e. c.
Martha Nussbaum, n. 1947

Conceptos relacionados
empatía, p. 26
instinto, p. 34
ética, p. 39
ser bueno, p. 45

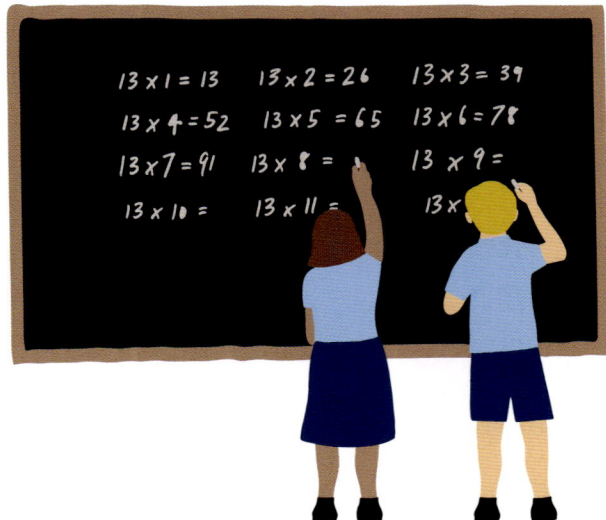

rito

Cuando hacemos algo una y otra vez terminamos haciéndolo de memoria. Es una práctica que conlleva actos repetidos (de bondad o valor, por ejemplo) que en un cierto sentido se solapan con rituales y ritos. Un rito es una ceremonia formal, un acto que suele repetirse con regularidad. Una misa católica es un rito, lo mismo que el *sabbat* judío o la llamada a la oración musulmana; son actos que la gente lleva a cabo una y otra vez con un objetivo muy parecido al del aprendizaje memorístico: cultivar un carácter virtuoso.

En la filosofía clásica china, los ritos se consideran una parte fundamental de la vida ética y social. En el pensamiento confuciano, por ejemplo, no solo son importantes como una manera de cultivar un carácter virtuoso, sino también por sí mismos. Con sus ritos y rituales, los individuos pueden demostrar su comprensión de las relaciones sociales. Los ritos permiten a los ciudadanos entender mejor sus roles —por ejemplo, qué significa ser un buen hijo o un buen padre— y, de este modo, contribuyen al orden y a la armonía social.

Como es obvio, si bien la armonía social puede ser deseable, algunas sociedades son profundamente retrógradas, y la «armonía» puede beneficiar a cierta gente a expensas de los demás. Muchos ritos sociales, tanto seculares como religiosos, refuerzan roles que colocan a lo hombres en el vértice de la jerarquía por encima de todos los demás. El rito nupcial es un ejemplo clásico, ya que el padre de la novia «cede» a su hija como si hubiera sido una propiedad suya y se hubiera convertido ahora en la de su marido.

En pocas palabras
Una ceremonia social religiosa (por ejemplo, un bautismo) o secular (por ejemplo, una graduación).

Por qué es importante
Estos actos compartidos suelen dictar qué es y qué no es socialmente aceptable o deseable.

Personajes clave
Sara Ahmed, n. 1969
Gloria Anzaldúa, 1942–2004
Clare Chambers, n. 1976
Kate Manne, n. 1983

Conceptos relacionados
ética, p. 39
privilegio, p. 40
hegemonía, p. 67

escepticismo

Si un alumno le dice a su profesor que el perro se ha comido sus deberes, el profesor puede quedarse atónito y responder: «¿Ah sí? Lo dudo mucho». A eso se le llama escepticismo, una actitud que pone en cuestión algo que nos acaban de decir. En epistemología, el estudio del conocimiento, el escepticismo conlleva cuestionar la fiabilidad de enunciados. Los escépticos son personas prudentes que plantean un enfoque crítico de las supuestas verdades y hacen hincapié en la necesidad de razonar con cautela y de aportar pruebas sólidas. La duda, incluida la «duda radical», es su herramienta argumentativa preferida, o «herramienta heurística».

Los escépticos, sin embargo, no solo dudan, sino que también preguntan. La palabra escéptico proviene del griego *skepsis*, que significa «pregunta» o «examen». El enfoque del escéptico es levantar una ceja y decir: «Dime más». El escéptico no duda de todo, quiera o no, sino que duda para encontrar unos cimientos seguros; su intención es descartar suposiciones injustificadas en busca de la verdad. El profesor no tiene ninguna prueba de que el perro del alumno se haya zampado sus deberes, pero toda evidencia empírica sugiere que, tanto si los ha hecho como si no, en el pupitre del alumno no va a encontrar sus deberes.

El escéptico no es necesariamente reacio a las conjeturas. El profesor puede tener en cuenta el historial del alumno y pedirle más información (y seguir levantando la ceja mientras la recibe), pero también puede ser convencido si, por ejemplo, el alumno le enseña un vídeo donde aparece el perro comiéndose los deberes, si bien es verdad que es complicado convencer a un escéptico.

En pocas palabras
Una actitud de cuestionamiento.

Por qué es importante
Existe mucha información falsa sobre muchas cosas (en internet, entre otros lugares), y el escepticismo ayuda a evitar que nos engañen.

Personajes clave
Isabel de Bohemia, 1618–1680
René Descartes, 1596–1650
Sexto Empírico, h. 300–200 a. e. c.

Conceptos relacionados

suspicacia

El escepticismo puede ser útil; no obstante, ni que sea unas veces, es de buena educación concederle a la gente el beneficio de la duda. El diálogo ya puede ser lo bastante difícil aunque nuestro interlocutor no cuestione por sistema nuestras afirmaciones («Sí, pero ¿cómo puedes dar eso por cierto?»). Si tenemos una discusión, filosófica o de cualquier otro tipo, el mejor modo de resolverla no es plantear dudas incesantemente, ya que con ello no solo no avanzamos en la conversación, sino que socavamos la buena voluntad de nuestro interlocutor. Por tanto, no es educado.

La «hermenéutica de la sospecha» es un enfoque interpretativo que va más allá de la duda del escéptico (la hermenéutica es el estudio de la interpretación). El escepticismo es una duda general; la sospecha, en este contexto, es la idea de que alguien está intentando decididamente engañarnos. Mientras que el escéptico puede interpretar una afirmación como una vaga suposición, la persona suspicaz puede leerla como una agenda.

Cuando alguien afirma, por ejemplo, que el escepticismo incesante es de mala educación, la persona suspicaz puede preguntarse: «¿Qué está tratando de ocultar?». Las convenciones sobre lo que es educado o no se construyen en unos contextos culturales determinados, y la persona suspicaz puede decir que están diseñadas para hacer que la gente deje de hacer preguntas. Se nos dice que es de mala educación hablar de política (y de sexo y religión), pero ¿a quién beneficia esto? Desincentivar el compromiso político le es útil a la gente que ocupa el poder. La suspicacia, como el escepticismo, puede ser una herramienta interpretativa importante y esclarecedora.

En pocas palabras
Un escepticismo activo y cauteloso.

Por qué es importante
Los sistemas opresivos pueden ser penetrantes. Lo mejor es estar en guardia (hablando en términos epistemológicos).

Personajes clave
Nora Berenstain
Darren Chetty, n. 1972
Audre Lorde,
1934–1992
Jacques Rancière,
n. 1940

Conceptos relacionados
conocimiento, p. 8
semántica, p. 122
«filosofía», p. 154

identidad cualitativa

Una vez conocí a alguien que trabajaba de controlador de calidad en una fábrica de bombones. Todos los días le pedían que evaluara la calidad de los bombones y que se asegurara de que fuera buena. Este es un ejemplo (especialmente delicioso) de evaluación cualitativa.

En el caso de un catador de bombones, las cualidades que se evalúan son cosas como la textura, el aroma y el dulzor, que son las características distintivas en las que se supone que los controladores de calidad deben fijarse para asegurarse de que no cambian, pues hay que suponer que los bombones de frambuesa deben saber siempre a frambuesa.

¿Evalúa un catador de chocolate si las calidades son *indistinguibles* o *idénticas*? Lo primero requiere un paladar sofisticado y entra propiamente en el ámbito del control de calidad. La *identidad* cualitativa, sin embargo, requiere un análisis metafísico. ¿Qué queremos decir cuando decimos que un bombón tiene el *mismo sabor* que otro? Algunos metafísicos arguyen que la igualdad de sabor puede explicarse haciendo referencia a objetos abstractos llamados «universales». Cuando nos imaginamos el sonido de unas uñas rascando una pizarra accedemos a un universal determinado (y desagradable). Es en relación con estos universales que podemos afirmar que un bombón sabe como otro cualquiera.

Otros metafísicos, llamados «nominalistas», no se interesan tanto por la idea de entidades universales, sino que argumentan que las cualidades solo existen en cosas materiales. No existe una «bomboneidad de frambuesa», por así decirlo, sino trufas de frambuesa. Los nominalistas evitan invocar entidades abstractas, pero no logran explicar por qué dos bombones de nuez saben igual.

En pocas palabras
La identidad cualitativa alude a una cosa que tiene la misma cualidad que otra.

Por qué es importante
Poder distinguir cualidades y discutir sobre ellas (y de las sustancias que las poseen) es fundamental para entender el mundo.

Personajes clave
Ruth Barcan
Marcus, 1921–2012
Gottfried Wilhelm
Leibniz, 1646–1716
John Locke, 1632–1704
A. N. Whitehead,
1861–1947

Conceptos relacionados
identidad, p. 6
esencial, p. 62
sustrato, p. 82

CONTROL DE CALIDAD

identidad cuantitativa

A diferencia de la identidad cualitativa, la identidad cuantitativa alude a la (redoble de tambores, por favor) *cantidad*. Si afirmamos que nuestro amigo se comía una media de cien bombones al día, esto es una evaluación cuantitativa. Si decimos que se comía el mismo número de bombones cada día, entonces estamos haciendo una afirmación sobre una identidad cuantitativa. La cantidad de bombones que se comió un día es idéntica a la cantidad de bombones que se comió otro día.

Parece que si hacemos una afirmación sobre una identidad cualitativa hacemos al mismo tiempo una afirmación sobre una identidad cuantitativa. Por lo tanto, ¿pueden divergir alguna vez los dos tipos de identidad? En asuntos de identidad personal quizás podemos argüir que las cualidades pueden cambiar mientras se conserva la identidad cuantitativa. Cuando nuestro amigo empezó a trabajar en la fábrica de bombones era mucho más joven que ahora. Hoy, en cambio, es más alto y tiene menos dientes, es padre y marido y cinturón negro en karate. En términos cualitativos, es muy diferente del hombre que empezó a trabajar en la fábrica de bombones hace muchos años; no obstante, su identidad cuantitativa se ha conservado a lo largo de los años, ya que no se ha partido en dos, en tres o en cuatro; de hecho, es la misma persona y, sorprendentemente, aún un gran fanático de los bombones.

En pocas palabras
Cuantitativo alude a la cantidad de algo que existe. La identidad cuantitativa alude a la igualdad de cantidad.

Por qué es importante
Nuestra capacidad de percibir la cantidad y la identidad cuantitativa nos permite ir por el mundo.

Personajes clave
Plutarco, h. 49–119
Lynne Rudder Baker, 1944–2017
David Wiggins, n. 1933

Conceptos relacionados

inducción

La palabra «inducción» puede usarse de diferentes maneras. En una empresa, los días de inducción es el período en que un trabajador se adapta a su cargo o su nueva empresa. Un parto, asimismo, puede ser inducido (provocado con fármacos cuando no ocurre de forma natural). Cuando yo era pequeño tenía en mi dormitorio un calentador de inducción cuyo calor se generaba mediante un proceso de inducción electromagnética. La palabra proviene del latín *inducere*, que significa «llevar algo hacia dentro».

En el ámbito de la lógica filosófica, la inducción alude a una forma de razonar que implica derivar principios generales o conclusiones a partir de observaciones específicas. Imaginémonos, por ejemplo, un naturalista que estudia los cisnes. Este naturalista, que trabaja en una determinada región del hemisferio norte, lleva muchos años observando cisnes y ha encontrado que tienen plumas blancas. Las observaciones que ha realizado lo llevan a afirmar que todos los cisnes son blancos.

El razonamiento inductivo se mueve de observaciones o afirmaciones particulares a otras más generales. Como tal, es un método falible, pues un solo contraejemplo puede refutar la afirmación general. La afirmación de que todos los cisnes son blancos se fundamenta en una base de pruebas restringida y, de hecho, los cisnes negros abundan en el sudoeste y el sudeste de Australia y Tasmania.

El razonamiento inductivo es un tipo de inferencia que implica el proceso de obtener conclusiones a partir de las pruebas disponibles; a veces, insuficientes. No es, sin embargo, el único tipo de razonamiento inferencial.

En pocas palabras
El razonamiento inductivo consiste en encontrar principios generales a partir de observaciones o afirmaciones individuales.

Por qué es importante
El razonamiento inductivo es básico en muchos ámbitos científicos (y muchas otras formas de razonamiento, también).

Personajes clave
Francis Bacon, 1561–1626
Nancy Cartwright, n. 1944
Helen Longino, n. 1944
Evelyn Fox Keller, 1936–2023

Conceptos relacionados
implicación, p. 10
a posteriori, p. 81
conjunción, p. 116

Todos los cisnes son negros.

deducción

«Deducción» no tiene tantos significados contradictorios como «inducción». No hay (que yo sepa) calentadores por deducción, partos deducidos o días de deducción en el trabajo. La deducción casi siempre alude a la forma de razonamiento inferencial que implica llegar a unas conclusiones determinadas partiendo de principios generales. Así, mientras que la inducción funciona de abajo a arriba, la deducción lo hace de arriba a abajo. Por ejemplo, basándonos en la afirmación general (plausible) de que todos los seres humanos son mortales y la afirmación (espero que plausible) de que yo soy un ser humano, podemos llegar a la conclusión de que yo soy mortal.

El razonamiento deductivo es más rígido y determinista que el inductivo. La verdad de la conclusión queda garantizada si las premisas son verdaderas, y si esto es así, no es posible descubrir más adelante (después de ulteriores investigaciones) que en realidad soy un robot. Si estamos resolviendo un crimen y deseamos llevar nuestro caso ante un tribunal, el razonamiento deductivo parece ser la opción preferida. Los investigadores no quieren generar principios generales (por ejemplo: todos los estafadores son rubios), sino que desean llegar a una conclusión determinada. Si las estafas por internet requieren acceder a internet y el único sospechoso que tiene internet es Alan, entonces podemos deducir que Alan es el estafador.

Mientras que las conclusiones inducidas son probables y presentan un determinado grado de incertidumbre, las conclusiones deducidas son verdaderas si las premisas también lo son. La inducción, por lo tanto, es una forma de razonamiento más flexible, ya que permite revisar conclusiones que se basen en nuevas observaciones.

En pocas palabras
Cuando deducimos algo sacamos una conclusión sobre algo específico a partir de principios más generales o premisas.

Por qué es importante
La deducción es uno de los muchos métodos empleados para resolver problemas.

Personajes clave
G. E. M. Anscombe, 1919–2001
Nancy Cartwright, n. 1944
Valerie Gray Hardcastle

Conceptos relacionados
inferencia, p. 11
contradicción, p. 64
a priori, p. 80

¡Deduzco que has sido tu!

esencial

Las manzanas son un ingrediente esencial de las tartas de manzana. No hay que ser un genio para entenderlo, pues la definición de tarta de manzana implica que la tarta lleva manzana. En este caso, el término «esencial» alude a la parte constituyente que es indispensable para la naturaleza o la identidad de una cosa.

Una propiedad esencial de los cuadrados es que tienen cuatro lados, y de los triángulos, que tienen tres. Si un cuadrado deja de tener cuatro lados, entonces ya no es un cuadrado, y si a un triángulo le añadimos dos lados más, entonces deja de ser un triángulo. De manera parecida, es parte de la esencia del ser humano tener corazón. Si somos seres humanos (supongo), tenemos corazón.

¿Qué más es esencial para nosotros? Existen algunas cosas fisiológicas que podemos calificar de «esenciales», pero también podemos pensar que tenemos rasgos de carácter esenciales. ¿Seríamos *nosotros* si no fuéramos ingeniosos y carismáticos intelectuales que leen libros? Quizás. Hay que suponer que no siempre hemos sido ingeniosos, ya que es improbable que explicáramos chistes siendo mecidos en una cuna. No siempre es fácil dilucidar qué es una propiedad esencial y qué no.

Pensemos de nuevo en nosotros como seres humanos y admitamos que una parte esencial del ser humano es tener corazón. ¿Qué ocurre si nos quitan nuestro corazón y se lo implantan a otra persona? ¿Sigue contando como corazón, aunque mecánico, o ha cambiado algo más fundamental? Nuestra visión de lo que es esencial y lo que no cambia cuando creemos que algo puede dejar de existir.

En pocas palabras
La esencia de algo alude a lo que pensamos de ella en pocas palabras.

Por qué es importante
Nuestra visión de la esencia de un objeto determina cuándo empieza y deja de existir.

Personajes clave
Donna Haraway, n. 1944
N. Katherine Hayles, n. 1943
Luce Irigaray, n. 1930
David Wiggins, n. 1933

Conceptos relacionados
existencia, p. 70
a priori, p. 80
ontología, p. 114

100% tarta de manzana

intrínseco

El término «intrínseco» está conceptualmente ligado a la noción de una esencia, pero los dos términos no son exactamente lo mismo. Una propiedad o un atributo intrínsecos son inherentes o integrantes de algo. Una propiedad intrínseca es parte de lo que ese algo es. Así, por ejemplo, la masa de un objeto es una propiedad intrínseca, igual que lo son su densidad o su composición química.

Las propiedades intrínsecas suelen contrastarse con las extrínsecas. Así como las intrínsecas son parte de lo que un objeto es, las extrínsecas dependen de factores externos o de relaciones con otras entidades. El valor de una pepita de oro es una propiedad extrínseca, ya que el valor depende de puntos de vista humanos sobre qué metales son valiosos y cuáles no lo son. La ubicación es otra propiedad extrínseca. Decir que en una fotografía alguien se encuentra «a la izquierda» de alguien más es una descripción de una propiedad extrínseca.

Muchas veces, las propiedades intrínsecas se solapan con las propiedades esenciales. Es una propiedad intrínseca del agua que está constituida por moléculas de hidrógeno y oxígeno. También forma parte de la definición (la esencia) de agua que tiene esta composición química. No obstante, si bien la pérdida de una propiedad esencial representa el fin de un objeto, lo mismo no es necesariamente verdadero si eliminamos una propiedad intrínseca. Actualmente peso 75 kg, y este peso es una propiedad intrínseca, pero puedo adelgazar o engordar. Por lo tanto, pesar 75 kg no es esencial para mí.

En pocas palabras

Las propiedades intrínsecas son las inherentes o integrantes de un objeto. A diferencia de las propiedades esenciales, sin embargo, no son necesarias para la existencia continuada de una entidad.

Por qué es importante

Ser capaz de distinguir las propiedades intrínsecas de las extrínsecas nos ayuda, por ejemplo, a determinar el valor de un objeto.

Personajes clave

Saul Kripke, 1940–2022
Jennifer Nagel
Hilary Putnam, 1926–2016
Charlotte Witt, n. 1951

Conceptos relacionados

accidental, p. 78
a priori, p. 80
sustancia, p. 83

contradicción

«¿Por qué me miras así?». «¡Yo no te miro así!».

Contradicción proviene del latín *contra*, «contra», y *dicere*, «hablar». Contradecir es hablar contra alguien y es la sustancia donde radican las buenas argumentaciones.

En el ámbito de la lógica, una contradicción es un conflicto entre dos o más proposiciones. Las contradicciones lógicas no requieren ser expresadas por diferentes partes y pueden existir en la misma afirmación. Si decimos: «Mi amigo es inmaculado a pesar de sus defectos», afirmamos dos cosas que se encuentran en directa oposición. O nuestro amigo es inmaculado, en cuyo caso no tiene defectos, o tiene defectos, en cuyo caso no es inmaculado.

Ser inmaculado a pesar de tener defectos es una contradicción. Otras contradicciones incluyen la incitación a actuar de forma natural (actuar es un comportamiento intencional y, por lo tanto, no natural) y la noción de «silencio resonante» (el silencio, por definición, es la ausencia de sonido).

En el ámbito de la lógica formal, las contradicciones son trampas que los lógicos quieren evitar. Un principio fundamental de la lógica clásica es la ley de no contradicción, que puede resumirse en la invitación a no contradecirnos a nosotros mismos. Con todo, las contradicciones también pueden serles útiles a los lógicos. La verdad de una proposición puede demostrarse si podemos demostrar que su negación conlleva una contradicción.

En pocas palabras
Una contradicción es una inconsistencia lógica.

Por qué es importante
Las contradicciones y las autocontradicciones pueden echar a perder una argumentación.

Personajes clave
Gottlob Frege, 1848–1925
Sandra Harding, n. 1935
Penelope Maddy, n. 1950
Ludwig Wittgenstein, 1889–1951

Conceptos relacionados
conocimiento, p. 8
validez, p. 72
postmodernismo, p. 110

paradoja

«Esta oración es falsa». Como afirmación, esta es una de las más raras que se pueden oír. Si la oración *es* falsa, entonces es verdadera... en cuyo caso *no es* falsa... por lo tanto, es verdadera. La sacudida mental es considerable.

Una paradoja es un tipo especial de contradicción, La paradoja del mentiroso, que acabamos de enunciar, radica en un conflicto entre la verdad y la falsedad de una proposición. Una paradoja, sin embargo, es algo más que una contradicción. Hay contradicciones que son de fácil resolución (si, por ejemplo, una de las proposiciones es claramente falsa). Si afirmamos que llevamos barba y, al mismo tiempo, que no llevamos barba, una de estas frases puede demostrarse. La paradoja del mentiroso, en cambio, se refiere a sí misma y no es posible recurrir a pruebas externas.

Las paradojas, además, no son solo problemas lógicos que resolver, sino que invitan a seguir reflexionando. La palabra «paradoja» descansa sobre el concepto griego de *doxa*, que alude a un conjunto de creencias y prácticas. La *doxa* son suposiciones arraigadas que modelan la forma en que vemos el mundo. La palabra griega *para* significa «contrario a» o «más allá de»; por lo tanto, una paradoja es una herramienta conceptual que puede empujarnos más allá de nuestra visión cotidiana del mundo. Se ha escrito largo y tendido sobre la paradoja del mentiroso, que nos hace dudar de las nociones de verdadero y falso y del principio de no contradicción. Una contradicción implica un conflicto directo y explícito entre afirmaciones, pero una paradoja es una contradicción con un límite que nos puede ayudar a replantear nuestro enfoque de ciertas creencias o de suposiciones muy arraigadas.

En pocas palabras
Una paradoja es una contradicción lógica que puede hacer reflexionar.

Por qué es importante
Las paradojas atacan los puntos débiles de nuestra comprensión o particularidades sobre la manera de ver el mundo.

Personajes clave
Al-Ghazali, h. 1058–1111
Pierre Bourdieu, 1930–2002
Ibn Sina, Avicena, h. 980–1037
Graham Priest, n. 1948

Conceptos relacionados
conocimiento, p. 8
falso, p. 12
infinito, p. 16

ideología

La ideología es el conjunto de creencias, valores e ideas que modelan el pensamiento de un individuo o, más a menudo, de un grupo de individuos. Estas creencias suelen relacionarse con la política, la sociedad y la cultura. Una ideología proporciona un marco para entender el mundo. Pensemos en ello como un mapa. Existen, por ejemplo, muchos mapas de Londres diferentes, como el mapa del metro y el mapa de los trenes de cercanías. También hay mapas impresos con los nombres de las calles y con puntos de referencia, y también existe Google Maps. Cada uno de estos mapas ofrece una perspectiva diferente de Londres, acentuando la manera en que podemos desplazarnos por la ciudad. Un mapa del metro supone que viajamos en metro, mientras que Google Maps asume que tenemos conocimientos de informática. De la misma manera que mapas diferentes dan prioridad a rutas diferentes, ideologías diferentes dan prioridad a creencias, valores y métodos diferentes; con frecuencia, con el mismo objetivo (por ejemplo, la paz).

La ideología afecta todos los aspectos de la sociedad y es, por lo tanto, bastante difícil de detectar. Es más fácil ver si una persona no comparte los mismos supuestos ideológicos que otra. En Estados Unidos, por ejemplo, se da por sentado que una vida feliz implica casarse, adquirir una casa y tener hijos. Esta ideología es sentida con mayor intensidad por personas que están excluidas de ella, es decir, por aquellas que no están casadas, no tienen una vivienda propia y no están interesadas en tener hijos. Estas personas pueden entender la forma en que una «familia nuclear» puede beneficiar a otras, ya que ellas mismas sufren las desventajas por haberse desviado de esta felicidad.

En pocas palabras
Un conjunto de creencias y valores.

Por qué es importante
La ideología lo impregna todo; con frecuencia, de una manera muy sutil, y puede tener consecuencias negativas que solo percibimos cuando ya es demasiado tarde.

Personajes clave
Stuart Hall, 1932–2014
Sophie Lewis, n. 1988
Rosa Luxemburgo, 1871–1919
Karl Marx, 1818–1883

Conceptos relacionados
intuición, p. 35
privilegio, p. 40
sexismo, p. 48

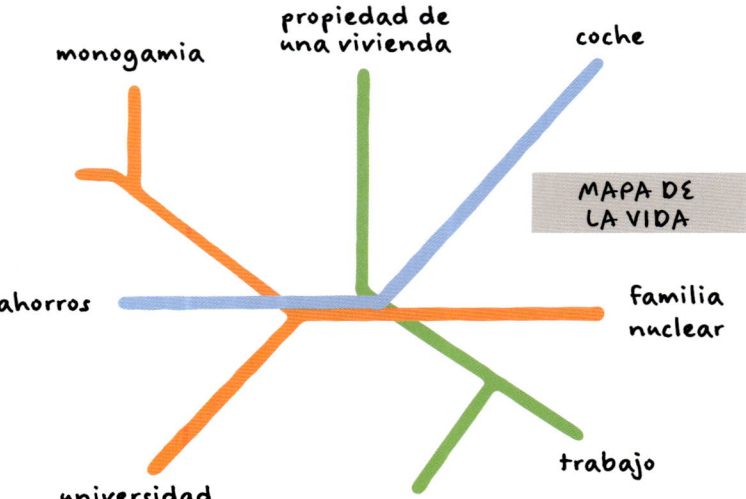

propiedad de una vivienda
monogamia
coche
MAPA DE LA VIDA
ahorros
familia nuclear
trabajo
universidad

hegemonía

La ideología es un sistema de diferentes creencias que diferentes grupos pueden compartir, mientras que la hegemonía es algo más concreto. El término, que proviene del griego *hegemonia* («supremacía»o «liderazgo»), alude a la dominación de un grupo sobre otro en la que el grupo dominante modela las creencias y los valores sociales (por ejemplo, impone supuestos ideológicos) en beneficio propio.

Pensemos en la aristocracia inglesa, una poderosa clase social cuyos miembros ostentan títulos como los de duque, conde y barón. Durante siglos, la aristocracia ha establecido estándares y expectativas sociales que excluyen a las personas de las «clases inferiores». Si somos un *lord*, por ejemplo, podemos acceder a la Cámara de los Lores, un brazo poderoso del Estado británico. Además, solo ajustándonos a la etiqueta fijada por la aristocracia —y en la que la aristocracia está bien entrenada— puede la gente acceder a la «sociedad educada» (lo que, en realidad, viene a ser la «sociedad poderosa»). No entender los modales correctos puede implicar, en determinados círculos, una censura social.

La hegemonía es una forma de manipulación ideológica que opera principalmente a través de la cultura, y es menos evidente que el control militar, pero también mucho más fácil, pues no requiere recurrir a la violencia. La hegemonía conlleva coerción y formas sutiles de influir en productos culturales tales como películas o libros (pensemos en series de televisión como *Bridgerton* o *The Crown*, que presentan romances entre la nobleza y la obsesión con la monarquía británica). Como tal, la hegemonía puede ser aún más difícil de combatir.

En pocas palabras
La ideología supremacista de un grupo dominante.

Por qué es importante
Las fuerzas hegemónicas son opresivas y moldean nuestras vidas cotidianas.

Personajes clave
Angela Davis, n. 1944
Alicia Garza, n. 1981
Antonio Gramsci, 1891–1937
Charles W. Mills, 1951–2021

Conceptos relacionados
liberalismo, p. 47
opresión, p. 52
postestructuralismo, p. 111

empirismo

Así como los adjetivos «empírico» y «racional» parecen solaparse (una investigación científica puede ser ambas cosas), empirismo y racionalismo son movimientos intelectuales habitualmente opuestos. Ambos se refieren a puntos de vista filosóficos sobre los orígenes y la naturaleza del conocimiento.

La palabra «empirismo» proviene del griego *empeiria*, «experiencia». Los empiristas sostienen que el conocimiento deriva de la experiencia. Según los empiristas, todas nuestras ideas se basan en cosas que hemos visto u oído alguna vez. Nuestra idea de águila, por ejemplo, se basa en haber visto un águila o haber leído algo sobre ellas. Nuestra idea de león es el resultado de haber visto un león o (algo más probable) de haber visto alguna fotografía de alguno. Nuestra idea de grifo, un animal mitológico con cuerpo de león y cabeza de águila, es una combinación de nuestras ideas de águilas y leones. No hay nada en la mente que no hayamos experimentado antes de alguna manera.

Los empiristas tienen una «filosofía de la mente» particular, es decir, creen que el conocimiento se adquiere sobre todo (quizás, de manera exclusiva) mediante la experiencia y sostienen que nacemos con nuestras cabezas vacías. La mente es una *tabula rasa* («tabla rasa») en la que se van imprimiendo ideas basadas en la experiencia.

Los empiristas tienden a privilegiar la ciencia como método para generar conocimiento. Así, primero acumulan pruebas empíricas y, mediante un razonamiento inductivo, llegan a conclusiones generales.

En pocas palabras
Un enfoque investigativo basado en la experiencia antes que en la teorización abstracta.

Por qué es importante
Pese a originarse en el siglo XVII, el empirismo continúa siendo una de las corrientes filosóficas más populares hoy en día.

Personajes clave
Robert Boyle, 1627–1691
Margaret Cavendish, 1623–1673
David Hume, 1711–1776
John Locke, 1632–1704

Conceptos relacionados
inducción, p. 60
a posteriori, p. 81
materialismo, p. 124

racionalismo

Así como los empiristas privilegian la ciencia, puede decirse que los racionalistas privilegian las matemáticas y la lógica. Las ecuaciones no se resuelven con investigaciones científicas. El número dos no es algo que podemos encontrar en la naturaleza y ponerlo bajo un microscopio. El racionalista cree que el conocimiento puede adquirirse sin una experiencia sensorial. La investigación científica puede ser útil, pero las verdades fundamentales solo se aprenden mediante la razón.

Mientras que los empiristas creen que venimos al mundo con las cabezas vacías, los racionalistas aducen que hay ideas innatas; por ejemplo, las ideas con las que nacemos. Algunas cosas las sabemos sin consultarlas con el mundo exterior, como las verdades matemáticas, Por consiguiente, así como el empirismo descansa sobre todo en el razonamiento inductivo, el racionalismo se asocia a la deducción. Los principios innatos se emplean para llegar a unas conclusiones determinadas. Se puede argumentar que tenemos una comprensión innata de la suma y, por eso, cualquiera de nosotros puede deducir, por ejemplo, que $2 + 2 = 4$ y que $4 + 4 = 8$.

Como es natural, estas explicaciones de racionalismo y empirismo, como con todos los «ismos», suponen una generalización poco útil. Los términos se aplican a pensadores (sobre todo, de los siglos XVI y XVII), pero identifican unas corrientes y tendencias antes que unas doctrinas estrictas. Así, aunque suelen ser vistas como dos corrientes opuestas, muchos académicos de la época y posteriores han reconocido que el racionalismo y el empirismo pueden complementarse en algunos campos.

En pocas palabras
Implica basarse en la racionalidad como método para entender las verdades fundamentales de la realidad.

Por qué es importante
El racionalismo, igual que el empirismo, todavía es muy popular.

Personajes clave
Anton Wilhelm Amo, 1703–1759
Nancy Cartwright, n. 1944
Evelyn Fox Keller, 1936–2023
Linda Zagzebski, n. 1946

Conceptos relacionados
deducción, p. 61
científico, p. 96
saber que, p. 109

existencia

¿Qué es la existencia? En un sentido, es simplemente el estado de ser real. Los objetos existen cuando *están* en el mundo. Yo existo (lo juro) y nosotros existimos (así lo espero), y este libro existe, porque, de lo contrario, ¿qué narices estamos leyendo ahora? Los unicornios *no* existen, como tampoco existen los elfos, las hadas o los duendes.

Los animales mitológicos parece que no existen, sino que son solo el producto de nuestra imaginación. No obstante, aunque solo como tales productos, quizá también *existen*. ¿Pueden existir diferentes cosas de maneras diferentes? Pensemos en las palabras que escribimos. ¿Existen? Diría que sí, o no tendría mucho sentido escribir esta frase. ¿Y *cómo* existen? La palabra «existir» existe, pero ¿es solo una colección de signos en una página o de sonidos producidos por la boca de alguien? ¿Y los números? ¿Existe el número dos? Si no es así, ¿por que se ajusta a unas leyes tan estrictas? Si dividimos dos por dos obtenemos como resultado uno. Estas leyes son independientes de la mente humana.

La metafísica es el campo de la filosofía que se ocupa de la existencia, y diferentes tradiciones metafísicas tienen diferentes respuestas sobre lo que existe y de su manera de existir. Lo que en un primer momento parece relativamente sencillo es, en realidad, harto complicado. ¿Existen los personajes de ficción como Sherlock Holmes? ¿Y qué decir de objetos imposibles como cuadrados redondos o sustancias inmateriales como las almas o los ángeles, por no mencionar a Dios?

En pocas palabras
El estado de ser real.

Por qué es importante
Nuestro compromiso con el mundo se basa en comprender qué existe y qué no. La gravedad existe; los dragones, no tanto.

Personajes clave
Aristóteles,
h. 384–322 a. e. c.
Sandra Harding,
n. 1935
Martin Heidegger,
1889–1976
Amie Thomasson,
n. 1968

Conceptos relacionados
infinito, p. 16
ontología, p. 114
materialismo, p. 124
emergentismo, p. 152

subsistencia

Los metafísicos han inventado una serie de términos para separar las diferentes maneras de ser, y «subsistencia» es uno de ellos. La subsistencia tiene un alcance más amplio que la existencia y define un nivel abstracto de ser. Todas las cosas existentes, como este libro, subsisten, pero otras cosas subsisten sin existir en realidad; no son «externamente reales», pero siguen existiendo. Un número es un ejemplo de objeto con «mera» subsistencia. También hay otros objetos de los que a veces se dice que «no tienen existencia». Tales objetos no subsisten en absoluto y pueden dividirse en dos categorías: objetos contradictorios, como un cuadrado redondo, y objetos no contradictorios, como un móvil perpetuo.

Para complicarlo todo aún más, los metafísicos tienen términos que describen diferentes modos de existencia continuada. ¿De qué manera *continúan* existiendo (es decir, sobreviven) los objetos existentes? Hay quien piensa que las cosas —como nosotros mismos— «perduran» y que nosotros persistimos como objetos completos, completamente presentes en cada momento de nuestra existencia. Otros, en cambio, creen que «perduramos». Los perdurantistas creen que tenemos «partes temporales», como el «yo bebé» o el «yo niño», y partes espaciales (el brazo izquierdo, la pierna derecha, etc.), y que no nos movemos como un objeto único completo *a través* del tiempo, sino que más bien estamos dispersos *con* el tiempo.

«Existencia» es un término amplio que puede usarse para capturar diferentes tipos de ser. «Subsistencia», «resistencia» y «perdurabilidad» son términos más precisos que se emplean para aclarar el modo de ser de un objeto.

En pocas palabras
Una manera de ser.

Por qué es importante
Entender los tipos de existencia, como la subsistencia o la perdurabilidad, nos permite entender la trama y la urdimbre de la realidad.

Personajes clave
Sally Haslanger, n. 1955
David Lewis, 1941–2001
Alexius Meinong, 1853–1920
Platón, h. 428–423 a. e. c.

Conceptos relacionados
contradicción, p. 64
fenomenología, p. 118
fisicalismo, p. 125

validez

En nuestra cotidianeidad, cuando decimos que algo es válido o inválido, solemos referirnos a su legitimidad. «¿Sigue este cupón siendo válido?». «No, caducó hace tres años». En el campo de la lógica, «validez» tiene un significado parecido, aunque más específico y alude a la estructura formal de un enunciado. Un enunciado o argumento está considerado válido si su conclusión se desprende lógicamente de sus premisas (es decir, la conclusión debe ser verdadera si las premisas lo son).

Si un enunciado es válido, nunca deja de serlo. La validez es independiente de la verdad o de la falsedad reales de sus premisas y su conclusión. Decir que un argumento es válido es simplemente evaluar si se ajusta o no a las leyes de la lógica. Una estructura argumental válida garantiza que, si unas premisas son verdaderas, su conclusión también lo es. Si, por ejemplo, queremos argumentar que Carlos III de Inglaterra es un extraterrestre, el razonamiento puede ser el siguiente:

Premisa 1:   Todos los miembros de la familia real son extraterrestres.

Premisa 2:   Carlos III es miembro de la familia real.

Conclusión: Carlos III es un extraterrestre.

Podemos negar perfectamente que todos los miembros de la familia real sean extraterrestres. El enunciado, sin embargo, es válido, ya que obedece a las leyes de la lógica. *Si* estas premisas son verdaderas, *entonces* Carlos III es realmente un extraterrestre.

En pocas palabras
Un enunciado válido es el que se rige por las leyes de la lógica.

Por qué es importante
Si un enunciado no es válido no nos deberíamos dejar convencer por él.

Personajes clave
Dorothy Edgington, n. 1941
Gottlob Frege, 1848–1925
Gillian Russell
Linda Zagzebski, n. 1946

Conceptos relacionados

premisa válida =
conclusión válida

solidez

En el ámbito de la lógica, la solidez alude al grado de verdad de las premisas de un enunciado. Un enunciado es sólido si es válido y todas sus premisas son verdaderas; es decir, no solo la conclusión debe derivar lógicamente de las premisas, sino que las premisas (y, por lo tanto, la conclusión) también deben ser verdaderas. Un enunciado sólido sería:

Premisa 1: Todos los miembros de la familia real están emparentados con Carlos III por sangre o matrimonio.

Premisa 2: El príncipe Harry es miembro de la familia real.

Conclusión: El príncipe Harry está emparentado con Carlos III por sangre o matrimonio.

Este argumento es sólido. El príncipe Harry está emparentado, de hecho, con Carlos III.

La diferencia entre validez y solidez puede resultar útil para encontrar puntos en común entre puntos de vista opuestos; al compararlos, los interlocutores pueden señalar con exactitud en qué están en desacuerdo. Así, ambos pueden considerar que un enunciado es válido, pero si su enfrentamiento es por una de las premisas, es probable que consideren que el enunciado no es sólido. Si tenemos pruebas de que el príncipe Harry es el hijo de otra persona, entonces podemos cuestionar la solidez del enunciado que hemos expuesto. Si tenemos pruebas definitivas de que Carlos III tiene tentáculos y una nave espacial, entonces podemos concluir que es un extraterrestre.

En pocas palabras
Un argumento es sólido si es válido y sus premisas son verdaderas.

Por qué es importante
Comprender si un argumento es sólido nos ayuda a ver si puede ser convincente o no.

Personajes clave
Ruth Barcan Marcus, 1921–2012
Alfred Tarski, 1901–1983
David Wiggins, n. 1933
Ludwig Wittgenstein, 1889–1951

Conceptos relacionados
inducción, p. 60
contradicción, p. 64
conjunción, p. 116

premisa verdadera
+ conclusión válida
= argumento sólido

prescriptivo

Cuando vamos al médico y este decide que debemos tomar antibióticos, probablemente nos extenderá una receta y nos dirá que debemos tomarlos y cómo y cuándo debemos hacerlo.

La ética prescriptiva, denominada a veces «moral normativa», trabaja de manera parecida. Sus entusiastas se encargan de proporcionar unas pautas conductuales. Si queremos ser buenas personas, un prescriptivista estará encantado de darnos unas directrices (escritas o en cualquier otra forma) sobre qué acciones son moralmente correctas y cuáles no lo son. (Un inciso: es importante no confundir «prescribir» con «proscribir», que significa prohibir.)

Las teorías de la ética prescriptiva tienden a enfatizar principios o códigos de conducta que los individuos y las sociedades deberían seguir. «No digas mentiras», «no robes», «no mates». Estas acciones no están bien y, si deseamos ser éticos de acuerdo con esta idea de ética, debemos evitarlas.

La ética consecuencialista, que evalúa la moralidad de las acciones a partir de sus resultados, es uno de los tipos más habituales de ética prescriptiva. Otro, a su vez, es la ética deontológica, que afirma que ciertas acciones son intrínsecamente censurables con independencia de sus resultados. Los deontólogos son una suerte de médicos que piensan que debemos seguir sus instrucciones al pie de la letra: o nos tomamos las pastillas a una hora precisa durante una comida o nos ocurrirá algo espantoso; o decimos la verdad o habremos cometido un acto profundamente inmoral.

En pocas palabras
La ética prescriptiva proporciona guías, principios y reglas de conducta.

Por qué es importante
Las teorías prescriptivas ofrecen aparentemente instrucciones claras sobre cómo vivir (por ejemplo, los diez mandamientos).

Personajes clave
San Agustín,
h. 354–430
Immanuel Kant,
1724–1804
Christine Korsgaard,
n. 1952
Ban Zhao, h. 35–100

Conceptos relacionados
moral, p. 38
hacer el bien, p. 44
normativo, p. 135

descriptivo

Como no podía ser de otra manera, la ética descriptiva implica *describir* creencias morales preexistentes. El descriptivista observa el mundo y las conductas de los individuos y las sociedades para entender y responder cuestiones morales. Asimismo, el descriptivista se centra en el modo en que nosotros mismos nos comportamos moralmente y codifica los comportamientos en sistemas morales. Como tales, los planteamientos morales descriptivos suelen implicar investigaciones empíricas, igual que los estudios sociológicos. De esta manera, los descriptivistas obtienen información sobre los diferentes valores de diferentes culturas y comunidades. El objetivo es proporcionar una explicación clara (y, si es posible, objetiva) del panorama moral tal como existe en realidad.

El relativismo moral es un enfoque descriptivo de la ética. Para los relativistas, los valores éticos varían de una cultura a otra. Por ejemplo, en algunos países, la eutanasia —el suicidio asistido— se considera moralmente aceptable en ciertas situaciones, mientras que en otros está absolutamente prohibido (por motivos supuestamente éticos). Un enfoque descriptivo describe cómo diferentes sistemas morales pueden dar lugar a juicios morales conflictivos.

La ética prescriptiva se ocupa de proporcionar pautas para el comportamiento ético, mientras que la ética descriptiva se centra en describir y entender las prácticas éticas que existen en diferentes sociedades. Nuestra aproximación a la ética puede incluir elementos de ambas; así, podemos pensar que existen algunas normas morales sólidas («no matarás»), pero también beneficiarnos de una apreciación de cómo diferentes culturas tratan de manera diferente el hecho de matar a alguien según las circunstancias (por ejemplo, a sangre fría o en plena batalla).

En pocas palabras
La ética descriptiva describe los sistemas morales que hay en el mundo tal como son.

Por qué es importante
Los descriptivistas son conscientes de que las tendencias generalizadoras de los prescriptivistas pueden llegar a ser autoritarias.

Personajes clave
Kwame Anthony Appiah, n. 1954
Emmanuel Levinas, 1906–1995
Alasdair MacIntyre, n. 1929
Martha Nussbaum, n. 1947

Conceptos relacionados

subjetivo

Imaginémonos que acabamos de salir del cine con uno de nuestros amigos. «Es la mejor película que he visto *en mi vida*», afirma nuestro amigo. Nosotros nos lo miramos atónito. «Estás bromeando, ¿verdad? ¡Es la peor película que he visto en mi vida!», respondemos nosotros, a lo que nuestro amigo replica: «Esa es solo tu opinión».

Las opiniones son subjetivas y describen cómo nosotros, como individuos, nos sentimos ante una situación; en este caso, una película. La belleza, el gusto y las emociones suelen considerarse subjetivas, ya que su evaluación depende del punto de vista de un sujeto. De manera análoga, hay gente que usa «subjetivo» para referirse al reino mental interno (las percepciones, los pensamientos y las experiencias de un individuo).

La verdad de una afirmación subjetiva depende del individuo y de su juicio de valor. Como tal, este tipo de afirmaciones son muy difíciles de verificar. La neurociencia ha avanzado de forma espectacular en los últimos años, pero hasta ahora nadie ha encontrado la manera de sentir sentimientos ajenos.

Reconocer si una afirmación es subjetiva o no puede ser clave para resolver desacuerdos. Así, nuestra conversación con aquel amigo puede ir por dos caminos diferentes: o reconocemos que tenemos gustos diferentes o repetimos hasta la saciedad que el otro se equivoca, lo que supone emplear una energía enorme argumentando e intentando que el otro cambie de opinión. «La película es *objetivamente mala*», podemos añadir si deseamos enojar a nuestro amigo.

En pocas palabras
Se refiere a la opinión de un sujeto individual.

Por qué es importante
No siempre estamos de acuerdo con todo. Es importante poder distinguir las afirmaciones subjetivas de las objetivas para llevarnos mejor con la gente.

Personajes clave
Gloria Anzaldúa, 1942–2004
Uma Narayan, n. 1958
Edward Said, 1935–2003
Gayatri Spivak, n. 1942

Conceptos relacionados
relativismo, p. 107
normal, p. 134
«filosofía», p. 154

objetivo

El término «objetivo» se refiere a hechos que son independientes de preferencias o interpretaciones personales. Las afirmaciones objetivas pretenden ser imparciales y verificables para captar la realidad y la verdad, el mundo como realmente es. Las afirmaciones científicas pretenden ser objetivas. Es un hecho objetivo, por ejemplo, que el agua hierve a 100 grados en la atmósfera terrestre (llamarlo «hecho objetivo» es casi tautológico, ya que, si algo es un hecho, se supone que es verdadero).

Los hechos científicos y las verdades matemáticas suelen considerarse objetivos porque son independientes de las opiniones individuales, pues captan «la realidad objetiva», algo a lo que también aspira la metafísica. Cuando los materialistas dicen que solo la materia (partículas, etc.) existe no están haciendo una afirmación subjetiva, sino que es verdad, y, por lo tanto, es objetiva.

Como ha hecho notar la historiadora estadounidense Lorraine Daston, existen varios problemas con las afirmaciones que pretenden ser objetivas. Una y otra vez en la historia de la ciencia (y de la filosofía, y de casi todo), la gente ha proclamado que describe la realidad objetivamente, cuando de hecho solo capta una mera opinión. Afirmaciones como «el Sol gira en torno a la Tierra» o «la masturbación es inmoral» han sido consideradas verdades objetivas en algún momento de la historia, pero ahora ya no lo son. Darlas por objetivas puede ser un recurso retórico para enfatizar el alcance de nuestro fervor, pero que, por desgracia, puede usarse para privar de sus derechos a ciertos colectivos. Si afirmamos, por ejemplo, que hay estudios científicos que demuestran que los hombres son *objetivamente* más racionales que las mujeres, nuestra afirmación repercutirá en la forma de tratar a las mujeres en la sociedad.

En pocas palabras
Alude a un enfoque claro y neutro de la realidad.

Por qué es importante
La objetividad es cada vez más difícil de conseguir y cada día más importante (sobre todo, en los medios de comunicación).

Personajes clave
Lorraine Daston, n. 1951
Emmanuel Chukwudi Eze, 1963–2007
Sylvia Wynter, n. 1928

Conceptos relacionados
conocimiento, p. 8
existencia, p. 70
ontología, p. 114

accidental

«¡Perdón, te he pisado el pie! ¡Ha sido un accidente!». Un accidente es una acción no intencionada. Hacer algo accidentalmente es actuar sin intención de hacerlo. Así, al menos, es como utilizamos «accidental» en nuestra vida cotidiana para explicar por qué se ha roto el jarrón, por qué hemos traído té en vez de café y por qué lo hemos derramado sobre los pantalones de nuestra cuñada.

En filosofía, el término «accidental» tiene un significado similar, pero no del todo igual, y se emplea para describir algo que no es esencial o necesario. En la literatura académica, accidental suele referirse a propiedades no inherentes a los objetos que las tienen.

Consideremos, por ejemplo, este libro. El texto que leemos está hecho de letras negras sobre una página blanca. Estas propiedades, sin embargo —los colores— son accidentales para el libro, ya que este seguiría siendo un libro si las letras fueran azules y las páginas, naranjas, aunque fuera más difícil de leer; en cambio, si quitamos las páginas o borramos el texto y las imágenes, aquí ya podemos argumentar que el libro ha dejado de ser un libro.

Qué es esencial y qué no (accidental) suele ser objeto de debate. Podemos afirmar, por ejemplo, que la paginación es una propiedad esencial de los libros, y no accidental, pero ¿y de los libros electrónicos? Si accedemos a ellos a través de una pantalla, podemos decir realmente que tienen páginas. Y si no es así, ¿son realmente libros?

En pocas palabras
Las propiedades accidentales son las que dependen de factores extrínsecos.

Por qué es importante
Reconocer los accidentes nos ayuda a entender mejor la naturaleza y el carácter de las entidades con las que nos encontramos.

Personajes clave
Donna Haraway, n. 1944
Saul Kripke, 1940–2022
Bertrand Russell, 1872–1970

Conceptos relacionados

No hay palabras. ¿Sigue siendo un libro?

contingente

La contingencia alude a un estado que depende de determinadas condiciones y que podría haber sido diferente. Una afirmación es contingente si no es ni necesariamente verdadera ni necesariamente falsa.

Las propiedades accidentales son contingentes (por ejemplo, el diseño de este libro depende de unos diseñadores y podría haber sido diferente), pero en el ámbito de la filosofía, la palabra «contingente» también se usa para describir verdades o acontecimientos. Por ejemplo, es absolutamente contingente (se podría argumentar) que el álbum *Nightclubbing* de Grace Jones fue lanzado el 11 de mayo de 1981 (también podría haber sido lanzado el 4). De manera parecida, la afirmación «Me llamo Adam» es verdadera según quien la pronuncie: si lo hago yo, es verdadera; si lo hace alguien que se llama Jonathan, es falsa.

La contingencia suele contrastarse con la necesidad, y donde más aparece es en las discusiones sobre modalidad, el subcampo de la metafísica que se ocupa de la posibilidad. Las discusiones sobre modalidad acostumbran a enmarcarse en términos de «mundos posibles». Un mundo posible es una realidad alternativa que la mayoría de la gente piensa que es hipotética, un mundo diferente al nuestro, del que difiere en gran o pequeña medida. En un mundo (cercano) posible me llamo Alan, y no Adam. En otro mundo posible (más distante) me llamo Adam, pero soy un cyborg. En un mundo posible aún más lejano, soy un tritón volador mágico (hay quien negaría que esto sea una posibilidad). Las verdades necesarias se hacen realidad en *todos* los mundos posibles, mientras que las verdades contingentes solo existen en algunos.

En pocas palabras
Algo es contingente si no tiene por qué haber sido así.

Por qué es importante
Contingencia es un concepto básico para entender qué es posible y qué no.

Personajes clave
Ruth Barcan Marcus, 1921–2012
Dorothy Edgington, n. 1941
Gottlob Frege, 1848–1925

Conceptos relacionados
falso, p. 12
subjetivo, p. 76
relativismo, p. 107

a priori

¿Cómo sabemos que 1 + 1 = 2? No es algo que debamos experimentar. *A priori* es una expresión latina que significa «de lo que viene antes» y alude al conocimiento que es independiente de la observación empírica. Es un conocimiento que puede darse por bueno o justificarse sin experiencia sensorial alguna y al que se llega mediante el pensamiento racional y el análisis de los conceptos.

Se entiende que las verdades matemáticas son *a priori*, igual que las verdades lógicas del tipo «un triángulo tiene tres lados» y «todos los osos son mamíferos». No es necesario investigar nada para saber esto. Algunos principios metafísicos, como el principio de no contradicción, según el cual las proposiciones contradictorias no pueden ser verdaderas en el mismo sentido y al mismo tiempo, también se consideran *a priori*. El conocimiento *a priori* es, comprensiblemente, la forma de conocimiento preferida por los racionalistas, que tienden a preocuparse por la fiabilidad de los datos sensoriales.

¿Por qué los filósofos emplean el latín para poner nombre a este tipo de conocimiento? Los estudiosos de la tradición euroamericana usan el latín como floritura retórica. Es elegante, y más, cuando está en cursiva. También usan el latín para impedir que los no filósofos entiendan de qué están hablando, es decir, como manera de excluir a la gente; sobre todo, a la que no tiene una educación clásica. Si echamos una ojeada a este libro, veremos que no es la primera vez que se recurre al latín (o al griego) para explicar conceptos filosóficos.

En pocas palabras
El conocimiento que puede adquirirse sin recurrir a los datos sensoriales.

Por qué es importante
Para los racionalistas, el conocimiento *a priori* es inmune a las confusiones y a las corrupciones de los datos sensoriales y de las pruebas materiales.

Personajes clave
Ruth Barcan Marcus, 1921–2012
René Descartes, 1596–1650
Jennifer Nagel
Linda Zagzebski, n. 1946

Conceptos relacionados
conocimiento, p. 8
racionalismo, p. 69
análisis, p. 84

a posteriori

A posteriori es otra divertida expresión latina y significa «de lo que viene después». En contraste con el conocimiento *a priori*, el que tenemos antes de la investigación empírica, el conocimiento *a posteriori* se obtiene *después* de la observación empírica; es decir, de las pruebas materiales aportadas por el mundo exterior.

Por ejemplo, solo dirigiendo nuestra atención al mundo exterior podemos saber (directamente o de una manera indirecta, como internet), que en enero de 2024 el primer ministro de Bután era Dasho Tshering Tobgay. No importa el análisis conceptual que llevemos a cabo: esta verdad solo se obtiene cuando observamos el mundo, y esto vale tanto para los hechos científicos como para el conocimiento adquirido mediante la experiencia.

Habitualmente, los racionalistas se oponen a los empiristas, quienes apuestan por el conocimiento *a posteriori*. Su lema latín es *Nihil in intellectu quod prius non fuerit in sensu*, que significa «No hay nada en la mente que no estuviera antes en los sentidos». Cuando se analiza la verdad, aparentemente *a priori*, 1 + 1 = 2, un empirista estricto puede decir que depende de nuestra observación de cosas individuales que se suman (podemos notar que una naranja sumada a otra naranja hacen dos naranjas).

De los dos tipos de conocimiento, el *a priori* suele considerarse que tiene el mayor grado de certeza, ya que se basa en la razón y verdades necesarias antes que en nuestros sentidos; a veces, poco fiables. La distinción conceptual entre *a priori* y *a posteriori* no se usa tanto para desacreditar afirmaciones sino para analizar las bases del conocimiento.

En pocas palabras
El conocimiento *a posteriori* proviene de los datos sensoriales.

Por qué es importante
El conocimiento *a posteriori* conforma la mayoría del método científico.

Personajes clave
A. J. Ayer, 1910–1989
Francis Bacon, 1561–1626
Nancy Cartwright, n. 1944
Evelyn Fox Keller, 1936–2023

Conceptos relacionados
conocimiento, p. 8
deducción, p. 61
empirismo, p. 68

sustrato

Pensemos en una silla. Se trata de una silla roja con nuestro nombre escrito en el asiento. Es una silla atractiva con dibujos atractivos en su parte trasera. Podemos escribir una lista de propiedades de esta silla; unas, esenciales; otras, modificables. La silla tiene cuatro patas, está pintada de rojo y tiene dibujos atractivos. Esta es la idea.

¿Qué es exactamente lo que tiene estas propiedades? ¿Cuál es el objeto que tiene nuestro nombre escrito en él? Es una silla de madera; por lo tanto, podríamos decir que es la madera lo que tiene estas propiedades. La madera, sin embargo, también tiene propiedades: tiene fibra, es inflamable, frágil y puede herirnos con una astilla. ¿Qué es lo que tiene *estas* propiedades?

Esta línea de pensamiento ha llevado a cierta gente a la idea de sustrato. *Substratum*, en latín, «lo que está debajo» (estrato es un término usado en geología para describir una capa de rocas; el sustrato es la capa que yace debajo de las demás capas). El sustrato es, en teoría, la materia subyacente que resiste los cambios de propiedades; es el portador de estas propiedades, lo que experimenta cambios.

Sustrato es un concepto útil a la hora de explicar cómo los objetos pueden perder propiedades y ganar otras nuevas, pero es muy controvertido. La noción en sí de sustrato —sustancia sin propiedades— parece casi absurda; ciertamente, es difícil tener en la mente algo que no tiene atributos y que existe con independencia de ellos.

En pocas palabras
El portador de las propiedades.

Por qué es importante
Este concepto filosófico tiene una larga y sorprendentemente ilustre historia, pero ahora es muy puesto en duda (junto con otros conceptos similares parecidos como *quididad* o *haecceidad*).

Personajes clave
Duns Scotus, 1265–1308
John Locke, 1632–1704
A. N. Whitehead, 1861–1947
David Wiggins, n. 1933

Conceptos relacionados

sustancia

Del latín *sub*, «debajo», y *stantia*, «que está», una sustancia no es necesariamente algo que entendemos, sino la cosa que «está debajo». Es, como los sustratos, lo que persiste a los cambios de las propiedades. A diferencia de los sustratos, las sustancias, no obstante, no carecen de propiedades.

Un roble es un ejemplo de sustancia; de una «sustancia primaria», como la llamarían los aristotélicos. El roble es una entidad específica que vive de una manera particular. Nace como semilla, semilla que más tarde germina, genera hojas, realiza la fotosíntesis y libera oxígeno. Sus propiedades cambian constantemente (se hace más grande, le crecen ramas que más tarde pierde y, en invierno, pierde las hojas que tenía). La materia que conforma esta sustancia también cambia: las células vegetales, así como los componentes químicos que las constituyen, cambian sin parar.

Cuando los metafísicos hablan de sustancias no hablan de cosas sin propiedades, sino de entidades con un tipo de existencia muy particular. En la tradición aristotélica, son las sustancias paradigmáticas —como los árboles, los perros, los gatos y los humanos—, que tienen una forma única (y diferente) de estar en el mundo. Para los «dualistas» cartesianos, en cambio, existen dos tipos de sustancias: la mente y el cuerpo.

El término «sustancia» suele referirse a entidades que existen independientemente con propiedades específicas y modos de ser, mientras que «sustrato» alude a la entidad inobservable subyacente sobre la que descansan las propiedades observables.

En pocas palabras
Una entidad metafísica (en algunos sistemas está considerado el tipo más fundamental de entidad).

Por qué es importante
Según el metafísico británico David Wiggins, nuestras actividades cotidianas reposan sobre la idea de sustancias, de cosas discretas individuales que persisten a lo largo del tiempo, a diferencia de las partes que cambian.

Personajes clave
Aristóteles,
h. 384–322 a. e. c.
Sandra Harding,
n. 1935
David Wiggins, n. 1933
Charlotte Witt

Conceptos relacionados
identidad, p. 6
subsistencia, p. 71
accidental, p. 78

análisis

La palabra «análisis» proviene del griego *ana* y *luein*, que significa, «relajarse». El análisis es un proceso de examen que conlleva desmontar las cosas. Las ideas y los problemas complejos se dividen en sus partes constituyentes —las afirmaciones y los principios— para obtener una visión más profunda de su naturaleza y sus implicaciones.

El análisis filosófico implica examinar la estructura lógica de argumentos o afirmaciones y pretende clarificar el lenguaje; por ejemplo, eliminando la ambigüedad de los términos. Un análisis del término «análisis» debería tener en cuenta que posee diferentes significados, lo que puede crear confusión.

Otro uso destacado del término es el que se hace en el psicoanálisis, una práctica terapéutica que gira alrededor del compromiso de un analista con el inconsciente de un paciente. De la gente que se somete a psicoanálisis se dice que «pasan por un análisis» (se relajan). Si observásemos la vasta literatura sobre el psicoanálisis encontraríamos que los términos «análisis» y «analítico» se usan de maneras muy diferentes de cómo se usan en la filosofía analítica.

La filosofía analítica es una tradición que pone énfasis en la claridad del lenguaje, el desmontaje de problemas, la precisión de las argumentaciones y el rígido desenmarañamiento de los conceptos. Es más parecida al método científico que al enfoque interpretativo de muchas otras disciplinas humanísticas. Surgida al comienzo del siglo XX, sobre todo en el mundo anglosajón, continúa siendo uno de los enfoques dominantes de la filosofía contemporánea.

En pocas palabras
Un examen de algo.

Por qué es importante
El proceso de análisis ofrece (en principio) interpretaciones sobre fenómenos que, de otro modo, serían oscuros o aparentemente mundanos.

Personajes clave
Ruth Barcan Marcus, 1921–2012
G. E. Moore, 1873–1958
Bertrand Russell, 1872–1970
Ludwig Wittgenstein, 1889–1951

Conceptos relacionados
contradicción, p. 64
validez, p. 72
disyunción, p. 117

analítico

En las discusiones sobre lógica filosófica, «analítico» puede referirse a un tipo de afirmación que es verdadera en virtud de sus significados y las definiciones de los términos empleados. La verdad de una afirmación (su «grado de validez») no depende de observaciones empíricas (las afirmaciones que sí *dependen* de ellas a veces son denominadas «sintéticas»).

Consideremos la afirmación «Todos los osos son mamíferos». La verdad de esta afirmación es inherente a la definición del término «osos» (un tipo de mamífero). En este sentido, las afirmaciones analíticas tienden a ser autoevidentes o tautológicas; esto es, son verdaderas porque expresan la misma idea con diferentes palabras.

Las afirmaciones analíticas también tienden a ser *a priori,* ya que su verdad puede determinarse sin necesidad de investigar el mundo externo. Las opiniones sobre esto divergen. «El agua hierve a 100 grados a una presión atmosférica estándar» parece ser una afirmación analítica, ya que se basa en las definiciones de agua, hervir y temperatura. Se puede argüir, en cambio, que la temperatura específica a la que hierve el agua puede ser algo que hemos aprendido de la observación y experimentación empíricas.

¿Qué sentido tienen las afirmaciones analíticas si simplemente repiten la misma idea con diferentes términos? No proporcionan información objetiva nueva, pero ayudan a aclarar los significados de los términos y de los conceptos.

En pocas palabras
Una afirmación analítica es la que es verdadera en virtud de la definición de los términos que contiene.

Por qué es importante
La «analiticidad» (así se denomina) nos ofrece un método más preciso para entender argumentos y sistemas lógicos.

Personajes clave
Sandra Harding, n. 1935
Sally Haslanger, n. 1955
Saul Kripke, 1940–2022
Marguerite La Caze

Conceptos relacionados
objetivo, p. 77
a priori, p. 80
sintético, p. 104

nihilismo

Uno de los mayores problemas a la hora de entender el nihilismo es, con toda probabilidad, la cultura popular. En la imaginación pública, los nihilistas visten polos negros, llevan boinas y fuman cigarrillos. «Dios ha muerto», afirman con una taza de café en la mano, «la vida no tiene sentido».

Los nihilistas no visten de ninguna manera especial; tampoco tienen por qué sentirse particularmente desgraciados. El término «nihilista» puede usarse para aludir a alguien que niega la existencia de algo. Un «nihilista mereológico», por ejemplo, es alguien que niega la existencia de objetos compuestos y que sostiene que las únicas cosas existentes son entidades microscópicas e indivisibles. «Los nihilistas lógicos», en cambio, creen que no hay ningún sistema lógico correcto».

Por norma general, cuando hablamos de nihilismo, nos referimos a un nihilismo existencial que niega cualquier significado o valor inherente a la existencia. Si alguien nos dice que es un nihilista, podemos suponer que es escéptico en cuestión de estructuras sociales y valores éticos. Un nihilista no es que no crea ni en Dios ni en tradiciones o instituciones sociales, sino que no cree en nada (en latín, *nihil* significa «nada»).

No creer en nada puede sonar muy fuerte, pero la verdad es que el nihilismo tiene miga: por un lado, es una postura reaccionaria, ya que, sea lo que sea, el nihilista está en contra; por el otro, no obstante, puede conllevar un enfoque creativo en cuestiones filosóficas habituales que induzca a reanalizar supuestos y creencias arraigadas desde hace mucho tiempo.

En pocas palabras
Negación de la existencia de diferentes cosas, tales como Dios, la ética o el significado.

Por qué es importante
Puede ser una postura política o metafísica importante. En otros tiempos, por ejemplo, negar la existencia de Dios habría sido un acto revolucionario.

Personajes clave
Albert Camus, 1913–1960
Calvin L. Warren
Cornel West, n. 1953

Conceptos relacionados
existencia, p. 70
postmodernismo, p. 110
materialismo, p. 124

La vida no tiene sentido.

fatalismo

El fatalismo es la opinión de que, con independencia de los objetivos, las esperanzas y las ambiciones que tengamos, el futuro ya está escrito. Nuestras vidas se desarrollan de una manera predeterminada hagamos lo que hagamos. Para el fatalista, todo está regido por el «destino» y, dado que no podemos cambiar nada, la respuesta más saludable es resignarnos a nuestro ineludible futuro.

Una actitud fatalista es, a primera vista, bastante parecida a una nihilista. Ni en los nihilistas ni en los fatalistas abunda la esperanza; no obstante, los caminos que siguen para alcanzar su desesperanza son bastante diferentes. Los nihilistas niegan la existencia del significado: no hay un gran propósito, no hay un gran plan para la humanidad; simplemente, no hay nada. El fatalista, por el contrario, cree en el destino. Existe una trayectoria global para la historia de la humanidad; algo parecido, si no exacto, al destino. El problema de ello es que el destino socava la posibilidad de agencia y, por lo tanto, según el argumento, la significación de nuestras acciones.

El fatalismo puede llevar a la resignación, pero también puede alentarnos a aceptar situaciones que, de otro modo, no pararíamos de criticar. En contraste con el nihilismo, el fatalismo no niega la existencia de significados, sino que desplaza la atención del impacto percibido de las acciones del hombre. El nihilismo deja espacio a la acción humana; el nihilista todavía puede crear algo para él, incluso aunque no haya un significado inherente en la vida.

En pocas palabras
La creencia de que algunas cosas (quizás todas) ocurren de manera inevitable.

Por qué es importante
Si nos entregamos demasiado al fatalismo es probable que nos abstengamos de actuar cuando una acción sea políticamente importante.

Personajes clave
Demócrito,
h. 460–370 a. e. c.
Emily Dickinson,
1830–1886
Friedrich Nietzsche,
1844–1900
Arthur Schopenhauer,
1788–1860

Conceptos relacionados
pesimismo, p. 100
indeterminismo, p. 130
inevitabilidad, p. 148

conciencia

Hace algunos años me operaron de la vista. Me dieron anestesia general y, poco antes de que el cirujano empezara a operarme, perdí la conciencia. Lo siguiente que supe es que estaba despertándome en la cama del hospital con dolor en un ojo y un vendaje alrededor de la cabeza. De este modo «recobré la conciencia». Pero ¿qué había perdido y recuperado?

La conciencia es el estado de ser consciente, de poder percibir tanto estímulos externos (el olor de la sala, el dolor en el ojo) como estados mentales (la ansiedad antes de la anestesia, el alivio al despertarme). Si somos conscientes de algo, entonces lo percibimos. Podemos no estar conscientes mientras dormimos sin soñar en nada; no obstante, si soñamos, somos conscientes de *algo* (aunque no sea real).

La conciencia es el estado en que nos encontramos cuando podemos percibir algo, aunque podemos percibir algo sin ser conscientes de ello. En este sentido, a veces hablamos de conciencia «subconsciente», que alude a cosas que ocurren por debajo del nivel de conciencia. Podemos, por ejemplo, tener ciertos pensamientos subconscientes que modelan nuestra conciencia sin que nos demos cuenta (por ejemplo, podemos pensar subconscientemente que nuestro jefe es atractivo y que quizás por esto estamos nerviosos cuando estamos ante él). También hablamos de conciencia inconsciente. En el ámbito del psicoanálisis, «el inconsciente» es una entidad que percibe acciones e interacciones; con frecuencia, en oposición a la mente consciente.

En pocas palabras
El estado de poder percibir cosas.

Por qué es importante
El que un ser sea consciente o no suele ser decisivo para los derechos políticos que recibe.

Personajes clave
Margaret Cavendish, 1623–1673
Sophie–Grace Chappell
Valerie Gray Hardcastle
John Locke, 1632–1704

Conceptos relacionados
placer, p. 22
subjetivo, p. 76
fenomenología, p. 118

autoconciencia

En algunos idiomas, la palabra autoconciencia alude a la timidez de una persona, a un estado de incomodidad con ella misma. Esta incomodidad se manifiesta en lo que hace y lo que dice, así como en su actitud. Autoconciencia, sin embargo, tiene un significado más amplio y alude a un determinado aspecto de la conciencia que implica ser consciente de nosotros mismos. La autoconciencia va más allá de la percepción de los estímulos externos e incluye la capacidad de reflexionar sobre el estado mental de nosotros mismos y de reconocernos como sujetos de la experiencia.

Algunos animales son criaturas conscientes: sienten dolor, cariño y terror; pueden ver, saborear, tocar y oler. También los hay que no parecen ser conscientes de nada (como los moluscos). Solo hay unos cuantos animales conscientes, y los humanos, creo yo, se encuentran entre ellos. Cognitivamente hablando, podemos hacer todo lo que hace una criatura consciente, pero también podemos pensar en nosotros mismos pasando por estas experiencias conscientes; podemos reconocernos como individuos capaces de reírse ante un chiste y de reflexionar sobre nuestra comprensión cotidiana de la conciencia.

La autoconciencia nos permite examinarnos a nosotros mismos, de ahí que suela asociarse a un desarrollo cognitivo de nivel avanzado y a la conciencia de nosotros mismos como individuos. Así como la conciencia conlleva nuestra capacidad de introspección (observar nuestro interior y ser consciente de nuestro estado mental), la autoconciencia implica de una manera más concreta la introspección de nuestro estado mental como *nuestro* estado mental.

En pocas palabras
La capacidad de vernos a nosotros mismos como nosotros mismos.

Por qué es importante
Es una señal de capacidad cognitiva superior que, según ciertos filósofos, conforma los cimientos de la libertad y la responsabilidad ética.

Personajes clave
Patricia Churchland, n. 1943
Donna Haraway, n. 1944
Martin Heidegger, 1889–1976
Susan Wolf, n. 1952

Conceptos relacionados
identidad, p. 6
fenomenología, p. 118
epifenomenalismo, p. 153

política identitaria

La manera en que los individuos experimentan la sociedad depende de su posición en ella. Las personas acomodadas, por ejemplo, no la experimentan como las que luchan por llegar a fin de mes. Lo mismo vale para las mujeres y los hombres en las sociedades sexistas o para los grupos raciales minoritarios y los blancos en las sociedades supremacistas blancas. Nuestra posición social afecta a las experiencias a las que estamos expuestos.

Esto no significa que a una persona le sea imposible entender cómo los miembros de otros grupos sociales experimentan la sociedad, pero entender no es lo mismo que percibir; podemos entender los efectos que aún tienen las políticas contra la población negra que se han practicado a lo largo de la historia, pero una persona blanca no puede haber «vivido» o experimentado «de primera mano» tales políticas.

Pensamientos como estos nos inducen a creer que las características identitarias de un individuo son importantes desde un punto de vista político. Las características identitarias (por ejemplo, aquellas que nos permiten identificar individuos y que permiten a los individuos entenderse a sí mismos) incluyen la raza, el género, la orientación sexual, la etnia y la religión.

«Política identitaria» alude a movimientos políticos y sociales centrados en las preocupaciones y los intereses de determinados grupos, basados en una serie de rasgos compartidos. Y pone énfasis en cómo los individuos de tales grupos afrontan unos retos específicos y están sujetos a determinadas experiencias.

En pocas palabras
Una aproximación a discusiones políticas que giran en torno a características identitarias como la raza, el género o la orientación sexual.

Por qué es importante
Los argumentos a favor o en contra de la importancia de la identidad es uno de los ejes centrales alrededor del cual gira el discurso político actual.

Personajes clave
Gloria Anzaldúa, 1942–2004
Pierre Bourdieu, 1930–2002
Audre Lorde, 1934–1992

Conceptos relacionados
identidad, p. 6
empatía, p. 26
doble conciencia, p. 136

interseccionalidad

A ciertas personas les preocupa que la política de identidad reduzca los individuos a características identitarias y que simplifique en exceso los problemas al circunscribirlos a, por ejemplo, la raza o al género y hacerlo de una manera que puede ser divisiva. En cierto sentido, la interseccionalidad da respuesta a esta preocupación. El término fue introducido y generalizado por el abogado defensor de los derechos civiles Kimberlé Crenshaw hacia el final de la década de 1980. En esencia, el enfoque interseccional reconoce que los individuos tienen múltiples identidades sociales que se cruzan e interactúan entre ellas.

Un análisis interseccional de un hombre blanco de clase trabajadora, por ejemplo, tiene en cuenta su raza, su clase y su género. Si es blanco en una sociedad racista, tiene ciertos privilegios y expectativas; si es un hombre en una sociedad sexista, también tiene privilegios y expectativas (por ejemplo, el de configurar las nociones de masculinidad tradicionales); como hombre de clase trabajadora, a su vez, debe enfrentarse a retos económicos y a un acceso limitado a los recursos. La combinación de estas identidades crea expectativas sociales distintivas.

La intersección de diferentes identidades da como resultado una experiencia única del mundo social. Al mezclar identidades no solo obtenemos una colección de identidades, sino algo nuevo, como cuando mezclamos huevos, harina y azúcar y obtenemos una tarta y no una enredada colección de ingredientes.

Así como la política identitaria se centra en la movilización política alrededor de categorías de identidad específicas, la interseccionalidad es un marco para entender la complejidad que conlleva múltiples identidades y fomenta una aproximación más holística al análisis social.

En pocas palabras
Un estudio de cómo interactúan en un individuo diferentes roles, identidades y expectativas sociales.

Por qué es importante
La interseccionalidad es uno de los métodos más sutiles de enmarcar y entender la posición social de alguien.

Personajes clave
Patricia Hill Collins, n. 1948
Shirley Anne Tate, n. 1956
Isabel Wilkerson, n. 1961
Mary Wollstonecraft, 1759–1797

Conceptos relacionados
equidad, p. 19
prejuicio, p. 50

comunismo

«¡Proletarios de todo el mundo, uníos!». Esta frase del Manifiesto comunista de 1848 de Karl Marx y Friedrich Engels es un eslogan atractivo, pero ¿qué significa con exactitud? El objetivo del comunismo es establecer una sociedad sin clases y sin Estado. Una sociedad sin Estado es la que carece de gobierno; es decir, el Estado no es otra cosa que una comunidad de iguales.

En esta comunidad de iguales, los bienes (como la comida) y los servicios (como la sanidad) se distribuyen según las necesidades de cada individuo. Otra famosa máxima comunista (esta, procedente de la *Crítica del Programa de Gotha*, de Marx) es «de cada cual, según sus capacidades; a cada cual, según sus necesidades». En el comunismo, cada individuo contribuye a la sociedad según sus capacidades y cada uno recibe ayuda según lo que necesita. Si, por ejemplo, somos ancianos y estamos enfermos, no se espera de nosotros que realicemos trabajos manuales duros, pero sí que recibamos atención hospitalaria si la necesitamos.

Otro objetivo primordial del comunismo es la propiedad colectiva de los medios de producción; es decir, los inmuebles y las herramientas necesarios para fabricar productos y satisfacer recursos. En otros sistemas políticos, como el capitalista, las fábricas y los espacios de trabajo son propiedad de individuos o empresas que dan empleo a trabajadores. Los trabajadores (la «clase trabajadora») dependen de sus amos para ejercer sus oficios (por ejemplo, los impresores necesitan imprentas). La propiedad colectiva empodera a los trabajadores y, según el argumento, los libera de las cadenas de explotación del capitalismo.

En pocas palabras
Ideología política que persigue el establecimiento de una sociedad sin Estado y sin clases.

Por qué es importante
Los intentos de imponer el comunismo y su resistencia a él han modelado el paisaje político durante más de un siglo.

Personajes clave
Friedrich Engels, 1820–1895
Rosa Luxemburgo, 1871–1919
Karl Marx, 1818–1883

Conceptos relacionados
liberalismo, p. 47
hegemonía, p. 67
capitalismo, p. 98

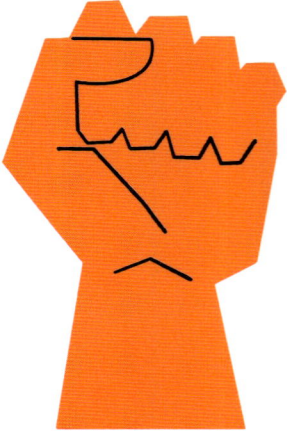

socialismo

A diferencia del comunismo, el socialismo aboga por la propiedad compartida de los modos de producción y los inmuebles. Los socialistas, a su vez, defienden una intervención más intensa del Estado. La propiedad pública, argumentan, debe ser organizada y regulada por un gobierno; el transporte público constituye un buen ejemplo de servicio estatal. Los socialistas, en definitiva, creen que debe haber un organismo político que supervise la comunidad de iguales y que esté formado por miembros de la comunidad.

De un gobierno socialista también se espera que intervenga para asegurar el bienestar de los ciudadanos y para corregir las desigualdades económicas entre ellos. Esto implica la distribución igualitaria de los bienes en forma de una renta básica universal, por ejemplo, o un servicio de sanidad pública.

El socialismo no siempre exige la completa abolición de la propiedad privada (existen diferentes formas de socialismo; tantas, como de comunismo o capitalismo), pero reconoce que la propiedad privada puede originar desigualdades. En vez de constituir una alternativa al comunismo, el socialismo puede entenderse como un estadio intermedio entre el capitalismo, donde la propiedad es privada y los beneficios obtenidos de ella, también, y una sociedad donde todo pertenece a la comunidad (comunismo). Países como Suecia, Noruega o Dinamarca suelen ser citados como ejemplos de democracias inspiradas por fuertes principios socialistas, tales como la educación libre, la asistencia sanitaria universal y los impuestos progresivos (donde los individuos con mayores ingresos pagan un porcentaje más elevado de impuestos).

En pocas palabras
Ideología política que aboga por la propiedad pública compartida, pero que no tiene como fin la disolución del Estado.

Por qué es importante
Los principios socialistas inspiran a muchos gobiernos del mundo.

Personajes clave
C. L. R. James, 1901–1989
Martin Luther King, Jr., 1929–1968
Helen Keller, 1880–1968
Bertrand Russell, 1872–1970

Conceptos relacionados
ideología, p. 66
neoliberalismo, p. 99

es

Una de las palabras más cortas que existen es, asimismo, una de las más complejas. De una manera muy pero que *muy* aproximada podemos decir que «es» indica un estado de existencia o identidad. Es una forma del verbo «ser». En nuestro idioma, también enlaza el sujeto de una oración (quien lleva a cabo la acción) con un atributo (un adjetivo o un nombre pospuesto al verbo ser). Por ejemplo, «El gato [sujeto] es negro [atributo]».

«Es» y el verbo «ser» tienen un papel destacado en la metafísica, el campo de la filosofía que se plantea cuestiones sobre la existencia. Decir que algo *es* significa decir que *existe*. Afirmaciones con sujeto y atributo del tipo «El gato es negro» también aluden a la realidad. El gato es realmente negro. Si no estuviéramos seguros de ello, podríamos decir «El gato *parece* negro».

En una comprensión ingenua de la metafísica, las afirmaciones sobre el estado de la realidad carecen de valores y se supone que son objetivas y ajenas al reino de la opinión o el gusto. Si el gato duerme o no duerme no es una cuestión de perspectiva, sino un hecho. La metafísica, sin embargo, es una disciplina tan propensa como otras a los sesgos, al prejuicio y a las confusiones conceptuales. En este sentido, veremos a continuación con qué facilidad algunas personas se pierden entre afirmaciones sobre lo que *es* y afirmaciones sobre lo que *debería* ser...

En pocas palabras
«Es» indica un estado de existencia y enlaza sujetos con atributos.

Por qué es importante
Nos permite hacer afirmaciones sobre la realidad.

Personajes clave
Aristóteles,
384–323 a. e. c.
Alexius Meinong,
1853–1920
W. V. O. Quine,
1908–2000
Alfred Tarski,
1901–1983

Conceptos relacionados
existencia, p. 70
objetivo, p. 77
ontología, p. 114

debería

«Debería» es una forma del verbo «deber» que se utiliza en afirmaciones con el fin de expresar juicios morales o éticos. A diferencia de «es», «debería» no describe una realidad, sino que transmite un sentido de obligación o deber. «Debería disculparme», por ejemplo, o «No debería hablar mal de los muertos». El foco del «debería» recae en juicios de valor, principios morales y consideraciones normativas. Por «normativas», aquí, se entiende lo que vale como «normal»; por ejemplo, qué cubierto solemos usar para comernos la sopa (una cuchara, y no un tenedor).

Muchas tradiciones filosóficas y religiosas presentan una conexión entre cómo es el mundo y como *deberíamos* comportarnos. La homofobia, un pilar de muchas tradiciones religiosas, suele expresarse en relación con la naturaleza. «La homosexualidad no es natural», afirman algunos. Existe una creencia (errónea) de que la homosexualidad no ocurre en la naturaleza, creencia en la que se apoya la afirmación que no deberíamos se homosexuales. Se considera que «es» implica «debería». La homosexualidad no es natural, según el argumento; por lo tanto, no deberíamos ser homosexuales. Esto representa un ejemplo de lo que se conoce como falacia naturalista: la creencia (errónea) de que algo es bueno por el mero hecho de ser natural.

En pocas palabras
Cuando describimos lo que debería ser estamos diciendo lo que creemos que debería ser.

Por qué es importante
De esta manera expresa e impone la gente las opiniones morales.

Personajes clave
Carol J. Adams, n. 1951
David Hume, 1711–1776
Immanuel Kant, 1724–1804
Christine Korsgaard, n. 1952

Conceptos relacionados
biológico, p. 24
moral, p. 38
normal, p. 134

Yo debería ser mejor.

DEBERÍA

científico

Hoy en día, la filosofía es una materia a la que se suele situar entre las humanidades y junto a la literatura, el arte, la historia o la teología, y separada de ciencias como la física o la química; en parte, por cómo se practica hoy la filosofía. Un filósofo, por ejemplo, puede dar vueltas a toda clase de teorías sobre el concepto de «sillón» y leer libros, formular hipótesis, comprobar las intuiciones y examinar la consistencia de sus argumentos; es decir, el filósofo no necesita recopilar datos empíricos, investigar o priorizar los razonamientos basados en pruebas, algo que suele asociarse al «método científico».

La ciencia tiene como objetivo entender, explicar y predecir fenómenos naturales mediante investigaciones sistemáticas y una combinación de razonamientos inferenciales, inductivos y deductivos (*véanse* las páginas 11, 60, 61). Una investigación científica sobre el gusto, por ejemplo, puede suponer análisis químicos de sabores fuertes o una observación microscópica de las papilas gustativas. Una investigación filosófica sobre el gusto, por el contrario, puede conllevar una discusión sobre la belleza, un análisis de la dulzura y una exploración de la objetividad estética, ninguna de las cuales requiere un trabajo de laboratorio.

Con todo, hay filósofos que dan mucha importancia al método científico, pues aducen que en la filosofía debería tener mucho peso la investigación empírica. Los positivistas lógicos, que florecieron al principio del siglo XX y que ejercieron mucha influencia en el movimiento analítico, creían que deberíamos dejar de debatir afirmaciones especulativas que no pueden demostrarse o comprobarse de manera empírica. Por ejemplo: ¿cuántos ángeles pueden bailar sobre la cabeza de un alfiler? ¿Por qué deberíamos preocuparnos por ello?, se preguntan los lógicos positivistas.

En pocas palabras
El método científico está formado por un conjunto de principios y procedimientos basados en pruebas que se usan para explicar la realidad.

Por qué es importante
Este método es una de las principales maneras que los humanos emplean para generar conocimiento sobre el mundo.

Personajes clave
Valerie Gray Hardcastle
Sandra Harding,
n. 1935
Susan Oyama, n. 1943
Kim Sterelny, n. 1950

Conceptos relacionados
inferencia, p. 11
inducción/deducción,
pp. 60–61
análisis, p. 84
realismo, p. 106

cientificista

A diferencia de quienes piensan que la filosofía debería tomar las ciencias como modelo y hacen hincapié en el razonamiento basado en pruebas, otros filósofos se resisten ante lo que consideran una actitud «cientificista». «Cientificista» es un término que alude a una creencia exagerada o injustificada en la autoridad y el alcance de los métodos y del conocimiento científico. Cuando afirmamos que un enfoque es «cientificista», estamos denunciando un uso casi fetichista de la ciencia y una aplicación indiscriminada del método científico a cualquier cosa.

Imaginemos, por ejemplo, que deseamos investigar aquella nostalgia que experimentamos cuando regresamos al hogar donde vivimos nuestra infancia. Podemos pensar que un análisis de nuestros niveles hormonales y un mapa de las neuronas que se activan en nuestro cerebro proporcionaría solo una imagen parcial de una experiencia polifacética. La angustia, el anhelo y los recuerdos de una juventud irrecuperable no pueden explorarse de manera exclusiva mediante la observación y la colección de datos que se puedan refutar. Para comprender este tipo de experiencia compleja debemos recurrir a afirmaciones abstractas, históricas y, en ocasiones, metafóricas, poner sobre la mesa la poesía, la literatura y las artes y emprender debates filosóficos sobre la naturaleza del amor, del tiempo y de la nostalgia.

En resumen, lo «científico» implica emplear medios empíricos de forma disciplinada para llegar al conocimiento, mientras que «cientificista» alude a una excesiva confianza en los principios y métodos científicos (y a una mala aplicación de los mismos), con frecuencia, a costa de una comprensión más matizada del mundo.

En pocas palabras
El cientificismo es la creencia excesiva en el poder del método científico.

Por qué es importante
Al centrarnos en los logros de la ciencia podemos perder de vista las perspectivas que nos aportan otros sistemas de conocimiento.

Personajes clave
Evelyn Fox Keller, 1936–2023
Donna Haraway, n. 1944
Mary Midgley, 1919–2018
Arianne Shahvisi

Conceptos relacionados
ideología, p. 66
subjetivo, p. 76
postmodernismo, p. 110

capitalismo

El capitalismo es un sistema económico que se fundamenta en la propiedad privada de los medios de producción y que gira en torno al mercado; es decir, que los precios dependen de la demanda en el mercado de los productos y de la facilidad con la que pueden acceder a él. Por «capital» se entiende tanto el capital financiero (es, decir, el dinero empleado para lanzar un negocio) como el capital físico (los medios de producción).

¿Cómo funciona en la práctica? Pongamos un ejemplo. Esta tarde me he quedado sin manzanas, he ido al supermercado y he comprado una bolsa que me ha costado 2,50 Euros, de ahí que ahora esté pensado en plantar un manzano. El problema es que necesito un jardín para que crezca, e incluso así solo produciría manzanas en determinadas épocas del año. El supermercado compra las manzanas a proveedores que poseen plantaciones por todo el planeta y, por esto, puede vender manzanas todo el año. Los proveedores son una empresa privada que poseen las plantaciones y que emplea trabajadores que recolectan, embalan y envían el producto a cambio de un salario muy modesto. La empresa ha logrado expandirse porque su modelo de negocio genera beneficios. Se trata de un negocio capitalista; los medios de producción (las plantaciones y las instalaciones de embalaje) pertenecen a una empresa privada (los proveedores) que emplea a trabajadores (que *no* poseen ninguna parte del negocio) para hacer dinero. El supermercado también es un negocio capitalista.

En pocas palabras
Un sistema político, ideológico y económico que se fundamenta en la propiedad privada de los medios de producción.

Por qué es importante
Es una de las ideologías dominantes en el mundo moderno.

Personajes clave
Milton Friedman, 1912–2006
Karl Marx, 1818–1883
John Maynard Keynes, 1883–1946
Adam Smith, 1723–1790

Conceptos relacionados
ideología, p. 66
comunismo, p. 92

neoliberalismo

El neoliberalismo es una forma económica del liberalismo, una ideología que sostiene que los ciudadanos deberían ser libres de hacer lo que desean mientras esto no perjudique a los demás. Los neoliberales hacen hincapié en el capitalismo de «libre mercado», esto es, abogan por reducir las barreras al comercio, tales como los impuestos elevados y otras formas de intervención gubernamental. Asimismo, piensan que el mercado debería desarrollarse libremente según las necesidades y los deseos de los clientes.

Los neoliberales también defienden la propiedad privada de los medios de producción. La razón que esgrimen es que un mercado competitivo, donde las empresas privadas compiten entre ellas para satisfacer las necesidades de los consumidores, es el mejor para estos. De la competitividad, según el argumento, pueden resultar unos precios más bajos y una innovación y unos productos mejores. La privatización de los servicios públicos, como las compañías ferroviarias estatales o los servicios de atención sanitaria, es un fenómeno neoliberal que se respalda en la creencia de que una competitividad entre empresas de propiedad privada orientada a obtener beneficios es provechosa para los consumidores, ya que cada empresa desea tener más clientes.

El capitalismo es un sistema económico general que se fundamenta en la propiedad privada del capital y que está orientado a crear beneficios. El liberalismo, a su vez, es más específico, ya que defiende medidas económicas y políticas (por ejemplo, rebajas de impuestos) en un marco capitalista. El neoliberalismo es una orientación política particular dentro del contexto más amplio del capitalismo.

En pocas palabras
El neoliberalismo sostiene que los ciudadanos deben ser libres de comerciar como les plazca siempre y cuando no perjudiquen a los demás.

Por qué es importante
Las políticas neoliberales figuran entre las más difundidas del mundo.

Personajes clave
John Rawls, 1921–2002
Ronald Reagan, 1911–2004
Tommie Shelby
Margaret Thatcher, 1925–2013

Conceptos relacionados
poder, p. 41
liberalismo, p. 47
socialismo, p. 93

pesimismo

La gente siempre me dice que no sea tan pesimista. Esto significa que debería mirarme el futuro de una manera más esperanzadora, que no debería esperarme siempre lo peor. «¡Anímate!», me dicen todos, «¡es probable que esto nunca ocurra!». Por desgracia, la mayoría de las veces ocurre.

El pesimismo, que suele contraponerse al optimismo, es una tendencia general a ver lo negativo y a anticipar sucesos desfavorables. Es una actitud que afecta nuestra percepción de los acontecimientos («Este desastre tenía que ocurrir»), aunque no implica necesariamente que pensemos mal de la gente o que creamos que no tienen buenas intenciones. Los pesimistas tienden a creer que la buena gente con buenas intenciones es magnífica, pero que rara vez, si es que alguna, lograrán culminar con éxito sus proyectos. Por ejemplo, mi pesimismo me puede llevar a pensar que este libro me saldrá mal. Me he propuesto escribir un libro que sea legible, que informe y que genere debate; pues bien, a pesar de mi empeño, no estoy seguro de lograr el objetivo.

Hay quien piensa que observarlo todo desde un punto de vista pesimista tiene sus ventajas: cuando ocurre algo bueno, nos sentimos realmente bien, ya que nos esperamos lo peor. Por desgracia, el pesimismo puede ser una actitud que tiñe el pasado de los mismos colores que el futuro. Por lo tanto, si somos pesimistas, es probable que pensemos que de lo que ocurra o haya ocurrido no se puede sacar nada bueno.

En pocas palabras
Creer que es muy probable que ocurra lo peor.

Por qué es importante
Ser pesimista o no afecta a nuestra ambición y la manera de afrontar retos

Personajes clave
Ta-Nehisi Coates, n. 1975
Friedrich Nietzsche, 1844–1900
Arthur Schopenhauer, 1788–1860
Cornel West, n. 1953

Conceptos relacionados
fatalismo, p. 87
inevitabilidad, p. 148

cinismo

A diferencia del pesimismo, que es generalista en su perspectiva, el cinismo es más específico. En vez de tener una actitud general negativa, el cínico suele desconfiar de los demás, Un cínico puede creer, por ejemplo, que la gente acostumbra a ser muy interesada, que sus motivos son raramente altruistas y que los individuos actúan por egoísmo y no por preocupaciones genuinas.

Si le damos un regalo a un cínico, es probable este que nos responda: «Qué quieres?». La idea de que alguien haga algo sin un propósito determinado es algo que no le pasa por la cabeza a un cínico, para el cual el regalo se ofrece para entrar en un sistema de intercambios (si damos un regalo, podemos esperarnos otro a cambio).

Desde un punto de vista conceptual, el cinismo está bastante cerca del escepticismo, una actitud de duda que puede formar parte del método filosófico, mientras que el cinismo aparece más bien en las relaciones interpersonales. A lo largo de la historia, el término se ha usado de diferentes maneras, y en sus orígenes, en la antigua Grecia, aludía al movimiento filosófico que desafiaba las expectativas sociales, rechazaba el poder y lo material (como los ascetas) y ponía el acento en la libertad individual. (La palabra «cínico» proviene del griego *kynikos*, que significa «parecido a un perro»; probablemente, con referencia al estilo de vida austero de los cínicos). Aquellos primeros cínicos desconfiaban del engaño implícito en el éxito social, de ahí que «cínico» terminara aludiendo a esta actitud suspicaz y relegara al olvido el original y positivo enfoque libertario de la vida.

En pocas palabras
Una tendencia a creer que la gente actúa por interés.

Por qué es importante
En general, cuanto más cínicos, más desconfiados somos.

Personajes clave
Crates de Tebas,
h. 365–285 a. e. c.
Diógenes de Sinope,
h. 412–323 a. e. c.
Hiparquia,
h. 350–280 a. e. c.

Conceptos relacionados
escepticismo, p. 56
nihilismo, p. 86
ascético, p. 121

¿Qué ha hecho?

autocracia

En esta forma de gobierno, el poder político se encuentra en las manos de una sola persona denominada autócrata, un gobernante (un monarca, un emperador o un dictador) de indiscutida autoridad que ostenta el poder absoluto y no está sometido al control y a los equilibrios de instituciones democráticas. Asimismo, el autócrata hace las leyes, puede eliminar cualquier obstáculo que se interponga en su camino y también puede, por supuesto, conceder favores políticos y legales a cualquiera. Por último, y en el caso de que ya no desee ejercer el poder, el autócrata puede designar a un sucesor (por ejemplo, a sus hijos).

Un régimen autocrático suele caracterizarse por la represión de la disidencia y por la ausencia de pluralismo político, es decir, de diversos grupos e ideologías políticos que compiten libremente entre ellos. En una autocracia no hay espacio para un partido democrático o por uno que aboga por el republicanismo; es decir, por un sistema donde el jefe del Estado es un funcionario elegido o designado.

Las autocracias, sin embargo, no tienen por qué ser siempre represivas. En ellas, al menos de forma conceptual, es posible que las instituciones tengan poder y, si bien las autocracias manifiestan una concentración de poder político, esta forma de gobierno no implica necesariamente una amplia intervención estatal en cada aspecto de la sociedad. A algunos autócratas les gusta que la gente siga con su vida cotidiana (siempre y cuando no se rebele).

En pocas palabras
Sistema político en el que todo el poder está concentrado en las manos de una única persona.

Por qué es importante
La mayoría de la gente piensa que las autocracias son sistemas políticos injustos a los que hay que oponerse.

Personajes clave
Hannah Arendt, 1906–1975
Michel Foucault, 1926–1984
Thomas Hobbes, 1588–1679
Jean–Jacques Rousseau, 1712–1778

Conceptos relacionados
dominación, p. 53
hegemonía, p. 67
capitalismo, p. 98

totalitarismo

El totalitarismo es otra forma de gobierno autoritaria en la que el Estado intenta (y a veces lo consigue) controlar todos los aspectos de la vida pública y privada de las personas. Totalitarismo implica el control *total* de la población por parte del gobierno; la intervención del Estado, por lo tanto, es muy intensa. Esto puede manifestarse en una mayor vigilancia (cámaras de seguridad en cada esquina e invasión de la vida privada) y una propaganda omnipresente destinada a moldear el comportamiento de los ciudadanos (en los regímenes totalitarios, el Estado suele controlar los medios de comunicación).

A diferencia de los autócratas, que a veces otorgan a sus ciudadanos algo de libertad (muy poca, a decir verdad), el gobierno de un estado totalitario se implica mucho más en el ámbito social y en el día a día de la población. El totalitarismo es un entorno hostil para el pluralismo político, ya que este cuestiona la narrativa oficial de que, por ejemplo, es el mejor país del mundo para vivir, que la economía va muy bien y que los gobernantes siempre tienen razón en todo. Los regímenes totalitarios controlan los mecanismos políticos, pero también los productos culturales y sociales. Así, por ejemplo, el Estado puede censurar o destruir aquellos libros que presentan modos de vida alternativos al oficial.

Una autocracia puede ser un régimen totalitario si el autócrata desea ejercer un control total, pero esto no tiene por qué ser así. De manera análoga, un estado totalitario también puede ser dirigido por un autócrata, aunque también se necesita un grupo de políticos elegidos que ejerce un control tan fuerte sobre la población que, en la práctica, le asegura reiteradamente ser reelegido.

En pocas palabras
Supone el control total del Estado sobre sus ciudadanos.

Por qué es importante
Es una forma de gobierno represiva y peligrosa.

Personajes clave
Hannah Arendt, 1906–1975
Isaiah Berlin, 1909–1997
Niccolò Machiavelli, 1469–1527
Iris Marion Young, 1949–2006

Conceptos relacionados
liberalismo, p. 47
opresión, p. 52
socialismo, p. 93

sintético

El poliéster me causa una picazón terrible; quizás, porque es lo que se conoce como una fibra «sintética». A diferencia del algodón, que se obtiene de una planta, o de la lana, que procede de mamíferos lanudos, las fibras sintéticas se fabrican químicamente a partir del petróleo mediante un proceso llamado polimerización. En este caso, «sintético» hace referencia a algo fabricado, en oposición a algo que la naturaleza proporciona.

En general, cuando afirmamos que algo es sintético estamos diciendo que está hecho por el hombre. De una manera más precisa, sin embargo, sintético sugiere que el objeto está *sintetizado* (la clave del nombre), esto es, fabricado mediante una síntesis (con frecuencia, química) o mezclando componentes o elementos.

El término «sintético» también se usa en el campo de la lógica formal para describir afirmaciones en contraposición a lo que es «analítico». Mientras que la verdad de una afirmación analítica se determina analizando los términos que se usan en ella (todos los pentágonos tienen cinco lados), las afirmaciones sintéticas necesitan de pruebas empíricas para que puedan verificarse. «El gato está sobre la alfombra» solo es verdad si el gato está efectivamente sobre la alfombra. Otro uso técnico de «sintético», o de «síntesis» —más cercano a nuestro uso diario— alude a un tipo particular de estructura argumentativa. Así, podemos plantear una «tesis» (una suerte de afirmación provisional), a la que puede seguir una «antítesis» (una afirmación que contradice la tesis). Una «síntesis» es una combinación de las dos afirmaciones opuestas, un punto medio que permite que el argumento no quede bloqueado.

En pocas palabras
«Sintético» puede hacer referencia aun tipo de afirmación lógica y a un material fabricado por el hombre.

Por qué es importante
Es una palabra cotidiana con múltiples (y confusos) significados.

Personajes clave
Donna Haraway, n. 1944
Georg Wilhelm Friedrich Hegel, 1770–1831
Gillian Russell

Conceptos relacionados

artificial

En la vida diaria, los términos «sintético» y «artificial» suelen usarse como sinónimos, aunque no sucede lo mismo en el ámbito de la lógica formal o al describir una estructura argumentativa. En el lenguaje cotidiano, ambos términos aluden a algo que está hecho o producido por el hombre; es decir, que no es natural. No obstante, existen diferencias notables.

Un objeto artificial es aquel creado por la habilidad humana (arte); quizás, gracias al esfuerzo de un «artesano». La palabra «artificial» no indica necesariamente el proceso de fabricación —los objetos artificiales no tienen por qué ser creados mediante síntesis química, por ejemplo—, sino que implica que el objeto puede ser en cierto modo una *imitación* de alguna cosa. Los edulcorantes artificiales, por ejemplo, están concebidos para reproducir un sabor natural (el del azúcar). La inteligencia artificial también nació para igualar o reflejar la inteligencia del hombre. Nuestro uso diario de estos términos sugiere que los objetos artificiales tienen alguna contraparte en la naturaleza, mientras que los sintéticos, no.

No obstante, los dos tipos de objetos están hechos por el hombre y, según algunas tradiciones metafísicas (que estudian *cómo* existen las cosas), son, en cierto sentido, menos reales que los objetos naturales. Las flores de plástico, como ejemplo de algo fabricado por el hombre, no se presentan de la misma manera que las flores reales. Por bonitas que puedan ser, estas flores son mucho menos complejas, pues no crecen, no se marchitan y no viven.

En pocas palabras
Las cosas artificiales son creadas por el hombre para sustituir o imitar los objetos «naturales».

Por qué es importante
Los metafísicos afirman que existe una diferencia significativa entre las entidades naturales y las artificiales.

Personajes clave
Peter van Inwagen, n. 1942
Lynne Rudder Baker, 1944–2017
Michael Thompson
David Wiggins, n. 1933

Conceptos relacionados

realismo

Con toda probabilidad, la mayoría de la gente cree que matar está mal. No importa quiénes somos, dónde vivimos o qué razones podemos tener para matar (que pueden ser incluso aceptables): el mero hecho de matar está mal.

En el ámbito de la filosofía, el término «realismo» alude a la creencia de que algo (por ejemplo, el mundo exterior) es real. El realismo moral postula que los principios reales son morales y que son independientes de la sociedad y del pensamiento humano. Esto es lo que se quiere decir cuando se afirma que un acto, como el de matar, está *objectivamente* mal. El principio de la santidad de la vida, que sostiene que la vida es sagrada y que, por consiguiente, matar es pecado, es universalmente verdadero y válido más allá de todas las opiniones personales o normas culturales.

En este contexto, el realismo pasa a ser una posición «metaética». La metaética no se ocupa en primer término de si una acción es «buena» o «virtuosa», sino que se interesa por la metafísica de la moral; esto es, si nuestros juicios derivan del mundo exterior. Para el realista moral, las verdades morales no se deciden ni se inventan, sino que se descubren aplicando la razón. Por consiguiente, un realista moral puede argumentar que ciertas acciones son buenas o malas más allá de lo que la sociedad las reconozca como tales.

En pocas palabras
El realismo moral considera que existen hechos morales.

Por qué es importante
Si existen hechos morales, *debería* haber menos desacuerdos sobre decisiones morales.

Personajes clave
Christine Korsgaard, n. 1952
J. L. Mackie, 1917–1981
G. E. Moore, 1873–1958

Conceptos relacionados
moral, p. 38
subjetivo, p. 76
es, p. 94

relativismo

«¡Todo es relativo!». En contraste con la realidad, la moral relativista piensa que los principios éticos están conectados con las perspectivas culturales o individuales (o ambas). La afirmación de que matar está mal puede valer para la mayoría de las situaciones; aun así, en determinadas circunstancias (por ejemplo, en una guerra), puede haber cierta flexibilidad.

Para la moral relativista no hay un sistema moral objetivo que sea válido globalmente. No hay una manera «correcta» de hacer las cosas. Los relativistas culturales sostienen que los principios morales deben entenderse dentro de un contexto cultural. En algunos países, por ejemplo, la poligamia, la práctica de tener varias esposas al mismo tiempo, es moralmente aceptable. En otras culturas, por el contrario, no está bien vista. Los relativistas defienden que los juicios morales varían de una persona a otra. Así como una persona puede pensar que comer carne es inmoral, pues viola la santidad de la vida, otra puede considerar que está absolutamente bien, puesto que solo las vidas humanas son realmente sagradas.

Tanto el realismo moral como el relativismo moral deben afrontar dificultades. El realismo, por ejemplo, exige un grado de confianza que puede ser ilimitado. Pensemos en las creencias morales que en otros tiempos se daban por universalmente verdaderas y que hoy han resultado depender en gran medida del contexto (que la homosexualidad es inmoral, por ejemplo). Por otro lado, el relativismo puede socavar toda posibilidad de crítica moral; si todos los juicios morales son relativos, entonces no hay base firme para decir, por ejemplo, que la homofobia es inmoral.

En pocas palabras
Para los relativistas morales, los sistemas morales están conectados con las culturas.

Por qué es importante
Si no estamos de acuerdo con el juicio moral de alguien, es útil observar el sistema moral en el que se mueve.

Personajes clave
Ruth Benedict, 1887–1948
Jean–François Lyotard, 1924–1998
Mary Midgley, 1919–2018
Uma Narayan

Conceptos relacionados
ética, p. 39
descriptivo, p. 75

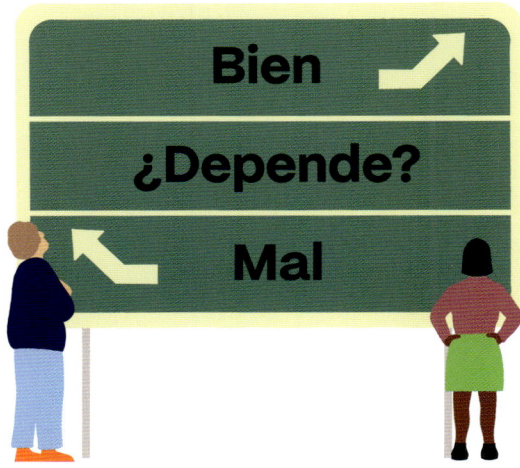

saber cómo

El «saber cómo» es el conocimiento práctico; es decir, la habilidad y los conocimientos adquiridos mediante la experiencia, la práctica y la formación. Tenía diecinueve años cuando aprendí a ir en bicicleta. Como es obvio, ya entendía los principios (hacer fuerza en los pedales que mueven las ruedas y controlar el manillar), pero hasta que mi amigo Stephen no me sentó en una bicicleta y me ayudó a mantenerme en equilibrio no tuve ninguna experiencia real de lo que era pedalear. Me faltaba el «saber cómo».

Al principio me costó coordinar el cuerpo (mantener el manillar nivelado y, al mismo tiempo, impulsarme con los pedales sin perder el equilibrio). No obstante, cuanto más lo probé, tanto más aprendí cómo retorcer el cuerpo, la fuerza necesaria para frenar y, al final, la posición del cuerpo al girar.

El «saber cómo» no tiene por qué ser siempre conocimiento incorporado, pero con frecuencia lo es. Se trata de aprender cómo es nuestro cuerpo, nuestras reacciones y cómo interactuamos físicamente con el mundo. Tocar un instrumento musical, trabajar de carpintero o encestar una pelota de baloncesto son ejemplos de esto. Existe una brecha entre entender qué debemos hacer y ser realmente capaces de hacerlo. En ocasiones, esta brecha puede ser muy frustrante: sabemos qué *queremos* hacer pero no somos lo bastante hábiles para hacerlo.

En pocas palabras
El conocimiento práctico adquirido mediante la experiencia y la práctica.

Por qué es importante
No todo puede aprenderse de los libros

Personajes clave
Patricia Hill Collins, n. 1948
Nancy Hartsock, 1943–2015
Ludwig Wittgenstein, 1889–1951

Conceptos relacionados
conocimiento, p. 8
racional, p. 14
fenomenología, p. 118

saber que

Comprender, que suele preceder a «saber cómo», significa «saber que». Sé que en el baloncesto tengo que lanzar la pelota a la canasta si quiero meterla a través del aro. Sé que para impulsar una bicicleta tengo que pedalear. «Saber que» se refiere a lo que a veces se denomina «conocimiento proposicional», es decir, el conocimiento de proposiciones tales como «Sé *que* el mundo es aproximadamente esférico». «Saber que» supone comprender ciertas verdades o la información que se puede expresar en enunciados. Sé que, si quiero tocar un solo de flauta, primero tengo que soplar la flauta.

Mientras que «saber cómo» es algo típicamente incorporado, «saber que» suele asociarse al conocimiento teórico, lo que, según el argumento, no tiene por qué depender de la capacidad de alguien para actuar o comportarse en un cierto modo. No es necesario saber *hacer* algo para saber que eso es así.

La distinción entre «saber cómo» y «saber que» es una de las más importantes en el ámbito de la epistemología, la rama de la filosofía que estudia la naturaleza del conocimiento y que, entre otras cosas, afirma que el conocimiento no proviene solo de leer libros. A pesar de la tendencia histórica, sobre todo en el mundo académico, de conceder mayor importancia al «saber que» que al «saber cómo» las capacidades innatas y la experiencia también pueden ser consideradas conocimiento al mismo nivel que el aprendizaje teórico. Con mucha frecuencia, el «saber cómo» se deja aparte en perjuicio de ciertos grupos; por ejemplo, las personas excluidas del sistema educativo.

En pocas palabras
Conocimiento proposicional, el que se suele adquirir «en los libros».

Por qué es importante
Es uno de los diferentes tipos de conocimiento.

Personajes clave
Kristie Dotson, n. 1975
Miranda Fricker, n. 1966
Dorothy E. Smith, 1926–2022
Linda Zagzebski, n. 1946

Conceptos relacionados
creencia, p. 9
objetivo, p. 77
análisis, p. 84

Cómo montar en bicicleta

postmodernismo

El postmodernismo, que critica convenciones literarias, así como normas y expectativas sociales, es una respuesta cultural y teórica al movimiento conocido como «modernismo», que alcanzó su punto más álgido en Europa en la primera mitad del siglo XX y se manifestó por una exaltación de lo «moderno» en contraposición a lo tradicional. Los modernistas abrazaron la innovación y experimentaron con las formas en el arte, la literatura y la música en un intento de crear obras que reflejaran la naturaleza, a menudo fragmentada, de la vida moderna.

El modernismo se caracterizó por la creencia optimista en el poder de la razón, de la ciencia y del individuo, y por una oposición a las normas sociales establecidas. Los modernistas, que sostenían que, impulsado por la industria, el mundo siempre avanzaba, se adhirieron a los grandes discursos sobre el progreso político y la verdad con «V» mayúscula.

El postmodernismo, por el contrario, rechaza todas estas premisas. Los postmodernistas contemplan escépticos las verdades universales, los grandes discursos y cualquier alusión a la realidad objetiva; asimismo, cuestionan la idea de individuos discretos y coherentes, ya sea en el discurso político (el «ciudadano racional») o en la literatura (el «yo» como autor). Mientras que la literatura modernista subraya la vida interior de un individuo, la postmodernista rechaza de lleno la noción de individuo y rompe los límites literarios al dirigirse directamente al lector (de la misma manera que yo en algunas páginas de este libro). Mientras que el modernismo sostiene que la verdad es universal y objetiva, el postmodernismo contempla la verdad como una actitud subjetiva y dependiente de un contexto.

En pocas palabras
Movimiento intelectual que desafía las convenciones literarias y que cree que la verdad es relativa.

Por qué es importante
El postmodernismo ha tenido un impacto profundo en la filosofía, la literatura y los estudios culturales.

Personajes clave
Jean Baudrillard, 1929–2007
Donna Haraway, n. 1944
Julia Kristeva, n. 1941
Trinh T. Minh-ha, n. 1952

Conceptos relacionados
hermenéutica, p. 123
posthumanismo, p. 133
retórica, p. 150

postestructuralismo

Según algunos estructuralistas, como Ferdinand de Saussure, los fenómenos culturales, sociales y filosóficos se entienden mejor analizando sus estructuras subyacentes. La literatura, por ejemplo, puede estudiarse en relación con las estructuras subyacentes de los textos, las formas literarias y las convenciones, tales como «el viaje del héroe». En todas las narraciones épicas existe un héroe que supera una infinidad de obstáculos para alcanzar el objetivo deseado. En ellas, por lo tanto, hay una estructura, un modelo o un esquema recurrentes que poder analizar.

Mientras que los estructuralistas buscan regularidades y consistencia, los postestructuralistas sostienen que nuestras vidas intelectuales, culturales y sociales son demasiado caóticas para organizarlas en cuadrículas ordenadas y etiquetarlas. La literatura, arguyen, contiene contradicciones y jerarquía. Las narraciones se escriben en un lenguaje inherentemente inestable, y el significado fluctúa de manera constante. Nociones como las de «viaje del héroe» son restrictivas y omiten los matices de la narración épica (y de toda la narración, al fin y al cabo).

El postestructuralismo es un movimiento teórico específico dentro del paraguas más amplio del pensamiento postmodernista y está relacionado con la «deconstrucción», la ruptura de distinciones aparentemente fijas como las binarias culturales o intelectuales. Trazar una línea divisoria clara entre el postmodernismo y el postestructuralismo va, por consiguiente, contra el espíritu de ambas tradiciones, que se fusionan constantemente.

En pocas palabras
El postestructuralismo critica los intentos estructuralistas de crear categorías claras para los fenómenos.

Por qué es importante
Habla del caos de nuestras experiencias en el mundo.

Personajes clave
Hélène Cixous, n. 1937
Jacques Derrida, 1930–2004
Sylvia Wynter, n. 1928

Conceptos relacionados
ideología, p. 66
semántica, p. 122
dialéctica, p. 151

animismo

Al igual que «animal» o «animación», la palabra «animismo» proviene del latín *anima*, que significa «alma». Estas palabras invocan una fuerza casi intangible, incluso invisible, que mueve los objetos mientras se mueve a través de ellos. Los animales son entidades en posesión de esta fuerza y son, por lo tanto, animados, igual que las imágenes estáticas de una animación.

El animismo es un sistema de creencias que atribuye conciencia, capacidad de actuar y (a veces) almas a entidades del mundo natural; incluso, a objetos aparentemente inanimados como las rocas. El animismo se encuentra en diferentes culturas del mundo, desde el sintoísmo japonés hasta el totemismo de los nativos de América del Norte y las tradiciones védicas del hinduismo. El pueblo igbo, un grupo étnico de Nigeria, tiene un sistema cultural que incluye elementos animistas; así, los ríos, los árboles, las rocas y los animales alojan fuerzas espirituales que suelen considerarse como las intermediarias entre la gente y la deidad suprema, a la que denominan «Chukwu» o «Chineke».

Las prácticas animistas suelen conllevar una adoración del mundo natural. En el Reino Unido, la «Madre Naturaleza» es venerada en el paganismo y el folclore, así como por los morris, quienes bailan periódicamente las danzas Morris. Las creencias y supersticiones sobre el tiempo, los cultivos o los animales también son animistas.

En pocas palabras
La creencia de que una serie de fuerzas ocultas se mueven entre los objetos.

Por qué es importante
Sistema de creencias con una larga historia que aflora en nuestra relación diaria con el mundo.

Personajes clave
Maria Puig de la Bellacasa, n. 1972
Linda Hogan, n. 1947
Glenys Livingston, n. 1954
Emma Tomalin

Conceptos relacionados
creencia, p. 9
natural, p. 25
sustancia, p. 83

animalismo

Mientras que los animistas piensan que hay fuerzas espirituales que se mueven por todo el mundo natural, los animalistas rechazan probablemente la existencia de tales fuerzas intangibles. Un animalista es alguien que cree que no somos mentes o almas, sino solo animales humanos.

El animalismo es una posición filosófica adoptada en el marco del «debate sobre la identidad personal» (*véase* pág. 7). A los animalistas les interesa saber por qué y cómo vivimos y qué nos permite sobrevivir continuamente a pesar de los cambios que experimentamos (por ejemplo, el crecimiento de mi barba y la pérdida de mi cabello). Hay gente que piensa que nuestra supervivencia descansa sobre una conciencia continua; somos la misma persona que el niño que fuimos porque hay algún tipo de continuidad psicológica (como atestiguan, por ejemplo, nuestros recuerdos). Los animalistas afirman que la identidad personal se basa en la existencia continua del animal humano. Si perdemos todos los recuerdos o entramos en un estado vegetativo, el animalista dirá que sobrevivimos mientras el organismo lo hace.

«Animismo» alude a un sistema de creencias que atribuye conciencia a varios elementos del mundo natural. «Animalismo» es una posición filosófica que considera que la supervivencia continua está vinculada a la supervivencia continua de los animales humanos que somos. Los dos términos pueden confundirse, pero actúan en diferentes campos y se plantean cuestiones distintas sobre la naturaleza de la existencia y la identidad.

En pocas palabras
La creencia de que somos esencialmente animales humanos.

Por qué es importante
Un animalista puede argüir que una persona con muerte cerebral todavía está viva, mientras que un neo-lockeano nos dirá que ha dejado de existir.

Personajes clave
Eric Olson
Paul Snowdon,
1946–2022
David Wiggins, n. 1933

Conceptos relacionados
biológico, p. 24
sustancia, p. 83
conciencia, p. 88

ontología

¿Existen los unicornios? ¿Y los números? Estoy bastante seguro de que los humanos existen, pero ¿y los fantasmas y las almas? La ontología, en pocas palabras, es el estudio de *lo que existe*, de las cosas que hay en el mundo. La ontología constituye uno de los pilares centrales de la metafísica, la parte de la filosofía que se centra en el estudio de la realidad.

Para ciertos pensadores, la metafísica consiste en llevar a cabo verificaciones ontológicas, de manera que construyen una lista larguísima de elementos en la que figuran entidades abstractas, organismos y cosas como los cuadrados redondos y la recorren marcándolos y tachándolos en función de si creen que existen o no. ¿Existen las tabletas de chocolate? ¿Existen los agujeros?

Con frecuencia, a medida que revisan su lista ontológica, los metafísicos apelan al principio de parsimonia y optan por teorías que requieren pocas entidades en vez de admitir montones y montones de cosas. Un atomista típico, por ejemplo, afirma que solo los átomos existen realmente y que todo lo demás es un puñado de átomos dispuestos de diferentes maneras.

No todos los ontólogos tienen esta predilección por los paisajes desérticos. Los hay más permisivos. «¡La existencia es barata!», exclaman. «¿Por qué no permitirlo todo?». Para ellos, la metafísica no solo consiste en ir marcando palabras de una lista, sino que implica examinar *cómo* existen las entidades y, por ejemplo, qué entidades son más fundamentales que otras. ¿Son los átomos más fundamentales que las sillas?

En pocas palabras
La parte de la metafísica que estudia qué existe y qué no.

Por qué es importante
Si queremos entender la naturaleza de la realidad, descubrir qué existe y qué no es parte de este proyecto.

Personajes clave
Lorraine Daston, n. 1951
Hipatia,
h. 360–415 a. e. c.
Elselijn Kingma
W. V. O. Quine,
1908–2000

Conceptos relacionados
subsistencia, p. 71
sustancia, p. 83
es, p. 94

ontología médica

Si pasamos cierto tiempo charlando con médicos es probable que en algún momento oigamos el término «ontología», lo que puede parecernos extraño si tenemos una formación filosófica. Los médicos y los metafísicos, sin embargo, utilizan de maneras diferentes la palabra «ontología».

En el campo de la medicina y de la investigación médica, ontología alude a la manera de organizar los conceptos médicos. Una ontología es, en esencia, una lista de entidades por las que se interesan particularmente determinados profesionales. A diferencia de los metafísicos, el personal médico no se dedica a hacer afirmaciones sobre la estructura de la realidad. Una ontología médica es un marco que puede compartirse para permitir que diferentes médicos hablen entre ellos e integren datos. En inglés, por ejemplo, según diferentes ontologías biomédicas, la palabra «gum» se refiere a una parte de la boca (encía), a una sustancia alimentaria (gominola) o a un tipo de medicamento (fármaco a base de chicle). Los investigadores deben saber qué ontología usan sus colaboradores para dar sentido a estos términos tan ambiguos.

Irónicamente, si bien las ontologías médicas pretenden facilitar la comunicación, este doble uso del término «ontología» puede crear confusiones no intencionadas. Hoy en día, los filósofos suelen formar equipos de investigación con colegas de otras disciplinas. Términos técnicos como «ontología» pueden convertirse en escollos a la hora de avanzar en los proyectos comunes. Un médico, por ejemplo, se extrañaría mucho si su ontología solo incluyera átomos.

En pocas palabras
En un contexto médico, «ontología» alude a un sistema para organizar fenómenos o conceptos médicos.

Por qué es importante
Compartir ontologías médicas permite a los médicos integrar datos de diferentes proyectos.

Personajes clave
Havi Carel, n. 1971
Rachel Cooper, n. 1974
Michel Foucault, 1926–1984
Drew Leder

Conceptos relacionados
biológico, p. 24
sexo, p. 36
sustancia, p. 83

conjunción

No muy lejos de Birmingham, en el Reino Unido, hay un enmarañado intercambiador vial denominado popularmente «Spaghetti Junction». En nuestro idioma, la palabra «junction» puede traducirse como junta, intersección o unión. En el ámbito de la gramática y la lingüística, una «conjunción» es una palabra que une palabras y frases. «Y» es una de las conjunciones más comunes y enlaza frases y palabras.

En el ámbito de la lógica, una conjunción une diferentes afirmaciones o proposiciones. Para determinar si una combinación de afirmaciones es verdadera o no (es decir, su «valor de verdad») es necesario tener en cuenta conjunciones. Por ejemplo, mi afirmación «Está lloviendo y el cielo está nublado» solo es verdad si efectivamente está lloviendo y el cielo está nublado. Si el cielo está nublado pero no está lloviendo —o viceversa—, mi afirmación es falsa.

A los lógicos les gusta reducir el lenguaje ordinario a símbolos, de ahí que suelan representar las conjunciones con el símbolo de la cuña, «∧». De este modo, la afirmación anterior puede representarse como dos proposiciones (A) y (B) conectadas por una conjunción. En lógica formal podemos escribir la afirmación «Está lloviendo y el cielo está nublado» como «A ∧ B». Esto solo es verdad si *ambas* proposiciones (A y B) son verdaderas. Si una u otra, o las dos, son falsas, entonces A ∧ B es falso.

En pocas palabras
Una conjunción es una palabra que une dos oraciones y que en lógica formal se simboliza con una cuña.

Por qué es importante
Las conjunciones son bloques de construcción lingüísticos que nos permiten articular pensamientos complejos.

Personajes clave
Ruth Barcan Marcus, 1921–2012
Dorothy Edgington, n. 1941
Saul Kripke, n. 1940
Alfred Tarski, 1901–1983

Conceptos relacionados

Está nublado Y está lloviendo

disyunción

El prefijo latín *dis*, que en nuestro idioma también ha dado origen al prefijo *des*, se usa para negar la palabra que le sigue. Así, por ejemplo, el desorden es la ausencia de orden. Una disyunción es, como una conjunción, una unidad gramatical empleada en oraciones complejas para expresar una relación entre ellas. No obstante, mientras que las conjunciones unen, las disyunciones separan. Una disyunción muy recurrente es «O», para la que en el ámbito de la lógica formal se utiliza el símbolo «∨» (una cuña invertida).

La disyunción de dos proposiciones es verdadera si al menos una de las proposiciones lo es. Si ambas son falsas, la afirmación resultante también es falsa.

Imaginémonos que, mirando a través de una ventana sucia, intentamos determinar qué tiempo hace en el exterior. «El sol luce o está lloviendo», decimos (es una ventana *muy* sucia). Si el sol *no* luce y *no* está lloviendo, nuestra afirmación es falsa. Si está lloviendo, pero no luce el sol (o viceversa), nuestra afirmación es verdadera. Si luce el sol pero también está lloviendo, la afirmación también es verdadera. En lógica formal, esto puede reflejarse como $Q \vee P$, donde «Q» representa la afirmación «El sol luce».

Estas técnicas formales son útiles a la hora de evaluar la fuerza de un argumento. Si podemos expresar las premisas de un argumento en lógica formal evaluando las conjunciones y disyunciones que contiene, entonces tenemos mayores posibilidades de determinar si el argumento es verdadero o falso.

En pocas palabras
Una disyunción es un conector lógico en el que se afirma que al menos una de dos afirmaciones es verdadera.

Por qué es importante
Al igual que las conjunciones, las disyunciones son bloques de construcción lingüísticos que nos permiten entender pensamientos complejos.

Personajes clave
Gottlob Frege, 1848–1925
Jaako Hintikka, 1929–2015
Linda Zagzebski, n. 1946

Conceptos relacionados
falso, p. 12
solidez, p. 73
análisis, p. 84

Está lloviendo o hace sol

fenomenología

En este preciso momento estoy sentado junto a un escritorio de mi habitación escribiendo con un teclado. La verdad es que esta sección me da cierto pánico, ya que la «fenomenología» es un tema peliagudo y difícil de explicar. También soy perfectamente consciente de que el tiempo vuela. Tengo una fecha de entrega límite que intento cumplir. Todas estas son características de mi experiencia de escribir; son parte de la «fenomenología» de este proceso.

La fenomenología es un enfoque filosófico que analiza la conciencia del hombre y las estructuras de la experiencia. Es el estudio de fenómenos experimentales y, como tal, se dedica a examinar de una manera meticulosa la experiencia inmediata en primera persona. Su interés radica más en el mundo subjetivo que en el objetivo, en la realidad vista desde un punto de vista neutral. Los fenomenólogos tienden a poner entre paréntesis las preguntas sobre la existencia del mundo exterior.

La activista y académica Sara Ahmed se apoya en gran medida en el método fenomenológico cuando describe las experiencias de racismo institucional que ella misma y otras personas han experimentado. Entender cómo las instituciones excluyen a ciertos grupos y cómo las minorías étnicas son oprimidas y dominadas en estos lugares supone (según Ahmed) examinar la fenomenología de los espacios institucionales. En *Vivir una vida feminista* (2017), Ahmed describe la sensación que ha tenido al entrar en una clase y verse rodeada por «un mar de blancura». A Ahmed no solo le interesa el análisis conceptual de las estructuras, pues arguye que la dimensión afectiva del racismo institucional (cómo nos hace sentir) es igualmente significativa.

En pocas palabras
El estudio de la conciencia y la experiencia humana.

Por qué es importante
Cómo una determinada situación llega a sentirse puede ser tan importante como su «realidad material».

Personajes clave
Sara Ahmed
Hannah Arendt,
1906–1975
Edmund Husserl,
1859–1938
Emmanuel Levinas,
1906–1995

Conceptos relacionados
estado de ánimo, p. 29
existencia, p. 70
intencionalidad, p. 129
agencia, p. 147

existencialismo

El existencialismo, como la fenomenología, es un movimiento filosófico y literario que surgió en el siglo XX en el continente europeo. Al igual que los fenomenólogos, los existencialistas exploran la experiencia subjetiva de la existencia y subrayan la importancia de la responsabilidad personal, la autenticidad y la construcción de significado.

Volvamos otra vez al acto de escribir. Cuando ataco una página en blanco, me siento absolutamente desbordado por su vaciedad, de ahí que pienso: *Podría escribir literalmente cualquier cosa*. Me encuentro, como diría un existencialista, ante una suerte de libertad radical. Los escritores, que pueden ser personas harto introspectivas, son conscientes de cuán abrumados pueden sentirse al escribir sus obras. Cuando ejercemos el control total tenemos la responsabilidad de ser auténticos para hacer frente a los pensamientos y los sentimientos difíciles. ¿Hasta qué punto son verdaderas estas frases —hasta qué punto reflejan lo que yo realmente creo— y qué *creo* yo exactamente? Escribir puede causar lo que se denomina «angustia existencial», una inquietud que surge de tales cavilaciones sobre verdad, autenticidad y responsabilidad.

Para el existencialista no existe una esencia fija predeterminada que defina el propósito o la naturaleza humana, sino que somos radicalmente libres. Primero existimos, y luego determinamos cuál puede ser nuestra esencia (de ahí, el dicho «La existencia precede a la esencia»). El proyecto del fenomenólogo es descriptivo, pues identifica características de la experiencia. El del existencialista, por el contrario, es más deliberativo; mediante la autorreflexión nos damos sentido a nosotros mismos al basarnos en la que consideramos nuestra forma más auténtica de ser.

En pocas palabras
Los existencialistas afirman que los individuos dan sentido a la vida mediante sus acciones.

Por qué es importante
El existencialismo subraya la importancia de la libertad y la responsabilidad del individuo.

Personajes clave
Simone de Beauvoir, 1908–1986
Albert Camus, 1913–1960
Lewis R. Gordon
Jean-Paul Sartre, 1905–1980

Conceptos relacionados

estética

Si alguien nos dijera que nuestra nueva chaqueta es estéticamente bonita, podríamos estar de acuerdo. Es de color turquesa con cremalleras naranjas y tiene unos puños ajustables que le dan un aspecto elegante. El adjetivo «estético» nos conduce a asuntos de arte, belleza o gusto. Si alguien cree que nuestra chaqueta nueva es estéticamente bonita (elegante) es porque valora (disfruta de) su apariencia, el exquisito contraste entre el turquesa y el naranja y la sobreabundancia de bolsillos.

El término «estético» también se emplea de una manera más general para describir cualidades visuales —de una pintura, por ejemplo—, un diseño o una apariencia general. «La estética de la película es magnífica», podemos decir. «¡Es oscura, difuminada y claustrofóbica!». También puede usarse para hablar del estilo de alguien: «¡Me encanta tu estética steampunk!».

La estética es la rama de la filosofía que trata cuestiones de arte, belleza y gusto. ¿Existen unos estándares objetivos de gusto? ¿Es simplemente un *hecho* que los escritos de Toni Morrison son mejores que los de John Grisham? ¿Qué es exactamente el arte? ¿Una pintura? ¿Una película? ¿Un orinal del revés? ¿Una cama sin hacer? En los últimos años, las discusiones consideradas serias en otros tiempos se han ampliado para incluir la estética de los juegos de ordenador y la estética formal de las comedias *stand-up*. Las preguntas sobre qué es arte continúan ahí, pero hoy los filósofos se muestran más abiertos en cuestiones estéticas.

En pocas palabras
La estética examina los productos culturales y la apreciación de la cultura.

Por qué es importante
El compromiso con la cultura es un rasgo distintivo humano, algo que hay que celebrar y explorar.

Personajes clave
Ta-Nehisi Coates, n. 1975
Susanne Langer, 1895–1985
C. Thi Nguyen
Sylvia Wynter, n. 1928

Conceptos relacionados
placer, p. 22
ideología, p. 66

ascetismo

Un asceta es alguien que practica la autodisciplina y se abstiene de los placeres con el objetivo de alcanzar una meta espiritual o moral superior. Pensemos en los ermitaños que sobreviven en el desierto bebiendo agua de los cactus; pensemos en los monjes y las monjas que viven enclaustrados haciendo votos de silencio y practicando el celibato; pensemos en las comunidades religiosas que renuncian a la tecnología y al contacto con el mundo exterior viviendo de la tierra y sin televisión, internet o comida para llevar.

El ascetismo se practica en muchas tradiciones religiosas y espirituales y suele asociarse a la idea de purificación. Para el asceta, el mundo material —el mundo en que vivimos— está lleno de toda clase de lujos portadores del pecado y de influencias tentadoras. Por lo tanto, para centrarse en el reino del espíritu, lo mejor es alejarse lo más posible del mundo material.

Por supuesto, no todos los ascetas son religiosos o espirituales. Cualquiera puede ser tildado de «asceta» si se impone restricciones a las cosas que más le gusta o practica una autodisciplina intensa.

En resumidas cuentas, estético y asceta significan cosas muy diferentes. El primer adjetivo alude al gusto y a la belleza; el segundo, a la autodisciplina y la abstinencia. No son conceptos contradictorios, sin embargo, y es más que posible que algún lugar o alguien tenga una «estética asceta»; pensemos en la arquitectura minimalista de los monasterios.

En pocas palabras
El ascetismo se caracteriza por la autodisciplina, la abstinencia y la renuncia a los placeres mundanos.

Por qué es importante
Implícito al ascetismo es la crítica del materialismo, del consumismo y de la mercantilización.

Personajes clave
Hiparquia, h. 350–280 a. e. c.
Mahavira, h. 599–527 a. e. c.
Juliana de Norwich, h. 1342–1416

Conceptos relacionados
placer, p. 22
cinismo, p. 101
materialismo, p. 124

semántica

«Es solo una cuestión de semántica». Afirmaciones como estas suelen ir acompañadas por un signo de estupor. La idea es que el desacuerdo se reduce a las palabras empleadas; *de hecho*, los hablantes no están en conflicto, sino que utilizan las mismas palabras de diferente manera.

La semántica es la rama de la lingüística que se ocupa del significado de las palabras y de las expresiones, así como de la manera de transmitir dicho significado. En cierto modo, este libro pretende mitigar tales desacuerdos semánticos. Por ejemplo, la sección sobre «identidad» examina los diferentes significados de la palabra y las confusiones que se originan cuando estos significados se entrecruzan. La semántica, con todo, no se ocupa solo de la manera de definir palabras, sino también de la relación entre los signos lingüísticos (como las palabras de una página) y los conceptos a los que se refieren (los «referentes»). Asimismo, la semántica estudia cómo el significado se comunica dentro de un sistema lingüístico, teniendo en cuenta la influencia de la intención, los gestos y otros factores sociales.

Imaginémonos que escuchamos cómo dos personas discuten sobre la idea de una «sociedad libre». Una de ellas sostiene que la intervención del Estado debería ser mínima; la otra, que una sociedad libre necesita un gobierno que se comprometa a luchar contra las desigualdades sistémicas. El desacuerdo es parcialmente semántico. «Libertad» puede leerse como la posibilidad de actuar sin interferencias; no obstante, en un contexto más amplio, la libertad social requiere la igualdad de oportunidades, lo cual, a su vez, requiere la intervención del Estado. La consideración semántica de la palabra «libertad» hace aflorar diferentes opiniones y amplia el alcance de un argumento.

En pocas palabras
El estudio del significado, que examina cómo las palabras transmiten ideas específicas en diferentes contextos.

Por qué es importante
La semántica es una disciplina que intenta entender cómo nos entendemos entre nosotros.

Personajes clave
Roland Barthes, 1915–1980
Umberto Eco, 1932–2016
Julia Kristeva, n. 1941
Ferdinand de Saussure, 1857–1913

Conceptos relacionados
conocimiento, p. 8
retórica, p. 150

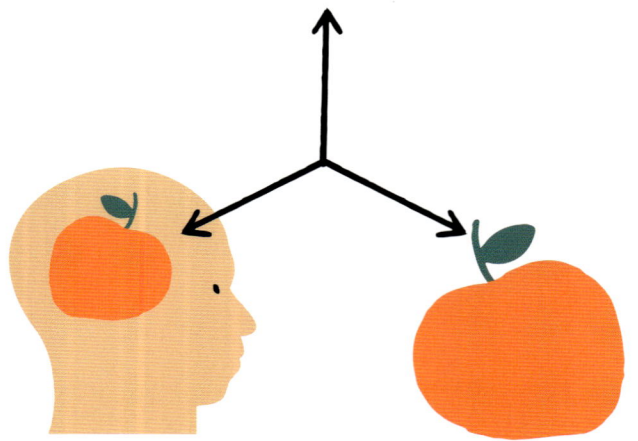

La palabra «manzana».

hermenéutica

A la hermenéutica a veces se la llama el arte de la interpretación. Se trata de un enfoque teórico que analiza los textos, el idioma y otras formas de expresión simbólica de una manera que se extiende más allá de la definición literal de las palabras.

Alguien podría, por ejemplo, efectuar un análisis hermenéutico de la sección anterior sobre semántica y considerar los recursos literarios que he empleado para hablar del tema (por ejemplo, los ejemplos). Asimismo, esta persona tendría en cuenta nuestra posición como un lector que interpreta el texto. ¿Por qué lo leemos en primer lugar? ¿Qué esperamos hallar? Por lo tanto, examinaríamos nuestro propio papel. ¿Por qué escribo este libro? ¿Por qué escribo en primera persona? ¿Tengo una agenda política o cultural?

La semántica y la hermenéutica estudian cómo los signos y los símbolos se enlazan con los conceptos y crean significado. La hermenéutica, sin embargo, se interesa particularmente por las conexiones *oblicuas*; es decir, por el significado más allá de las definiciones literales. Un análisis hermenéutico de mi uso de la primera persona puede incluir la preferencia académica por la voz pasiva. La inclusión de mí mismo («yo», «mi») en este libro no es una crítica literal o explícita a los textos académicos despersonalizados, sino que puede ser un recurso para dar a entender mi cautela ante tales formas de escribir. La semántica se ocupa del estudio del significado lingüístico, mientras que la hermenéutica es un enfoque más holístico centrado en el contexto político, la realidad material y la intención.

En pocas palabras
El estudio de la interpretación.

Por qué es importante
Ser conscientes de los fenómenos herme-néuticos nos permite leer «entre líneas».

Personajes clave
Hans-Georg Gadamer, 1900–2002
Paula Moya
Paul Ricoeur, 1913–2005

Conceptos relacionados
racional, p. 14
sarcasmo, p. 30
poder, p. 41

El arte de la interpretación.

materialismo

Cuando Madonna cantaba «We are living in a material world, and I am a material girl» (Vivimos en un mundo material y soy una chica material) estaba haciendo un comentario mordaz sobre la cultura de consumo. En este «mundo material», todo puede comprarse: automóviles veloces, grandes televisores, la felicidad o incluso el amor. No obstante, su letra también podría ser un eslogan para una tesis metafísica conocida como materialismo, la cual sostiene que solo de las cosas materiales se puede decir que existen. El materialista metafísico cree que vivimos en un mundo material y que todos nosotros somos personas materiales. Todo es materia, ya que todo lo que existe está constituido (y puede explicarse en último término) por entidades físicas y sus propiedades.

A lo largo de la historia, los filósofos han postulado sobre la existencia de diversas sustancias inmateriales, tales como almas, espíritus, ángeles, dioses o demonios. A muchas de estas entidades se recurrió en otros tiempos para explicar fenómenos que hoy, gracias a los avances científicos, se pueden explicar en términos exclusivamente materiales. ¿Por qué deberíamos explicar el vulcanismo invocando la furia de un dios si disponemos de información completa sobre la tectónica de placas? La respuesta del materialista es que no deberíamos hacerlo.

La situación se complica aún más si tenemos en cuenta objetos inmateriales cotidianos como los pensamientos. Imaginémonos un helado. ¿Es este helado imaginario material, o no? El materialista recurre a la neurología (por ejemplo) para explicar un fenómeno mental; al fin y al cabo, sin embargo, ¿no es la mente humana el producto residual de la estimulación de las sinapsis?

En pocas palabras
La creencia de que solo las cosas materiales existen.

Por qué es importante
El materialismo se opone a muchas creencias religiosas, que dan por cierta la existencia de sustancias inmateriales como dioses y ángeles.

Personajes clave
Robert Boyle, 1627–1691
Margaret Cavendish, 1623–1673
Demócrito, h. 460–370 a. C.
Valerie Gray Hardcastle

Conceptos relacionados
científico, p. 96
ontología, p. 114
teoría de partículas, p. 140

Solo las cosas materiales existen.

fisicalismo

En una canción de 1981 titulada «Let's get physical!» (Pongámonos físicos), Olivia Newton-John utilizaba el adjetivo «físico» para dar a entender una expresión corporal (específicamente, intimidad física). Es el mismo uso que se da a la palabra al hablar de «educación física». El «fisicalismo», sin embargo, nunca se enseñará en una clase de gimnasia, pues no tiene nada que ver con los músculos, sino que alude a una corriente filosófica e ideológica. Los fisicalistas sostienen que todo lo que existe es fundamentalmente físico. En este sentido, defienden una posición muy parecida al materialismo.

Donde el fisicalismo se separa del materialismo es en su alcance. Los fisicalistas no se limitan a las tradicionales sustancias materiales como las partículas. La ontología fisicalista (su lista de cosas existentes) admite todas las entidades y propiedades reconocidas por los físicos, que se extienden más allá de las tradicionalmente consideradas como «materiales», pues incluyen campos y fuerzas como la gravedad, que no son tan fáciles de comprender como la materia pura.

El fisicalismo ganó visibilidad en el siglo XX a raíz de los avances en la física y de un enfoque más flexible del análisis ontológico. De él puede decirse, quizás, que representa una posición más amplia que la del materialismo. El materialismo puede verse como un subconjunto del fisicalismo, si bien es probable que los materialistas (como cabe esperar) argumenten lo contrario. Con todo, la mayoría de la gente, y quizás también la mayoría de los filósofos, usa indistintamente los términos prescindiendo de factores históricos y contextuales.

En pocas palabras
Creer que solo las cosas físicas existen.

Por qué es importante
Los fisicalistas niegan la existencia de sustancias inmateriales como los espíritus, pero su ontología también incluye las fuerzas físicas.

Personajes clave
Patricia Churchland, n. 1943
Jaegwon Kim, 1934–2019
Ruth Millikan, n. 1933
Hilary Putnam, 1926–2016

Conceptos relacionados
efecto, p. 20
sustrato, p. 82
epifenomenalismo, p. 153

Solo las cosas físicas existen.

conductismo

Ayer, mientras me dirigía al trabajo en bicicleta, pasé cerca de un hombre que podaba el seto de su jardín. La verdad es que no parecía muy entusiasmado, pues fruncía el entrecejo mientras cortaba de mala gana el aligustre.

Hay gente que piensa que la mejor manera de entender la conducta es pensando en el estado mental de una persona. ¿Qué sentía aquel hombre? ¿Acaso estaba enfadado? Los conductistas, por el contrario, creen que su actitud se comprendería mejor observándola y no intentando de ahondar en su experiencia subjetiva.

El conductismo es una teoría psicológica que nació al principio del siglo XX y que basa la investigación psicológica en el estudio de conductas observables y mensurables. Los procesos mentales y las experiencias subjetivas, que son más difíciles (si no imposibles) de medir, quedan fuera del análisis conductista.

Las acciones del citado jardinero, por ejemplo, pueden entenderse como una respuesta a estímulos ambientales. Así, es probable que el mal aspecto del seto motivara la decisión de cortarlo y que este estímulo fuera alentado aún más por un refuerzo negativo (por ejemplo, una reprimenda de su esposa). Según otras observaciones, podríamos añadir nuevas teorías en torno al entrecejo fruncido del hombre. Tal vez es que hace cara de pocos amigos.

El conductista, por lo tanto, se apoya en las conductas observables y los factores ambientales que contribuyen a tales conductas.

En pocas palabras
La creencia de que la investigación psicológica debe basarse en las conductas observables y no en los estados mentales internos.

Por qué es importante
El conductismo ofrece un modelo alternativo para la investigación psicológica sin tocar el delicado asunto de los estados mentales internos.

Personajes clave
R. M. Hare, 1919–2002
Iris Murdoch, 1919–1999
Ivan Pavlov, 1849–1936
B. F. Skinner, 1904–1990

Conceptos relacionados
indeterminismo, p. 130
agencia, p. 147

análisis de la conducta política

El análisis de la conducta política es, en esencia, el conductismo transpuesto a la esfera política y se centra en las acciones observables y las conductas de individuos y grupos en contextos políticos y sociales. El análisis de la conducta política se ocupa, en primer término, del estudio sistemático del comportamiento político, para lo cual huye de teorías e ideologías abstractas.

Consideremos la participación en unas elecciones. Si los votantes acuden o no a los colegios electorales depende de un estímulo, como el anuncio de unas próximas elecciones y de su respuesta; es decir, de la decisión de participar o no en las elecciones. Los analistas estudian tanto el refuerzo positivo ofrecido a quienes votan (por ejemplo, apelando a la importancia de su responsabilidad cívica) como en el negativo (potencial insatisfacción con el candidato) de quienes no votan. También tienen en cuenta las influencias ambientales. El comportamiento electoral también puede verse afectado, por ejemplo, por la accesibilidad de los colegios electorales y la facilidad de los electores para registrarse en ellos.

Los analistas prescinden de los estados mentales o de la deliberación racional; a ellos les interesa ver la relación entre los estímulos y sus respuestas ante ellos, así como las tendencias estadísticas resultantes. Esta información puede, a su vez, ser utilizada por los políticos y sus directores de campaña. Si a los candidatos con mayor presencia en las redes sociales les van mejor las elecciones que a los que no las usan tanto, este motivo ya es suficiente para que estos refuercen su presencia mediática. No importa tanto lo que el electorado piensa *realmente*, sino la correlación entre un estímulo y una respuesta.

En pocas palabras
Un enfoque al análisis político centrado en probabilidades estadísticas.

Por qué es importante
Los directores de campañas electorales que trabajan con métodos analíticos tienden a interesarse más por los estímulos que llevan al éxito que por la moral y la justicia.

Personajes clave
Anthony Downs, 1930–2021
Stanley Milgram, 1933–1984
Kwame Nkrumah, 1909–1972

Conceptos relacionados
ética, p. 39
autocracia, p. 102
autonomía, p. 146

COLEGIO ELECTORAL

intención

Antes de empezar a escribir compongo una frase en mi cabeza para teclearla a continuación. Me formo primero la intención de escribir; acto seguido, me comprometo a hacerlo. Así, levanto las manos y pulso las teclas con las yemas de los dedos. El resultado es una acción que el lector puede percibir.

La capacidad de formar intenciones es un proceso cognitivo complejo asociado a la capacidad para tomar decisiones, a la conducta centrada en objetivos y a la agencia. La capacidad para formar intenciones suele considerarse un aspecto crucial para la toma de decisiones consciente y, por asociación, con el libre albedrío. Si no fuera capaz de formarme la intención de escribir una frase y escribiera de forma espontánea o automática, entonces no habría *elegido* el curso de acción; no habría escrito con libertad. Si bien las intenciones parecen ser un ingrediente necesario para las acciones libres, no queda claro que ellas mismas se formen libremente.

El filósofo Gregory Kavka exploró los vínculos entre las intenciones, la razón y la toma de decisiones en un experimento conocido como «el puzzle de la toxina». Imaginémonos un millonario que nos ofrece una apreciable cantidad de dinero por ingerir una toxina relativamente inocua en unas pocas horas y sin preguntarnos por qué. Imaginémonos que el millonario nos garantiza que *en realidad* no tenemos que ingerir la toxina, sino que simplemente tenemos que formarnos la intención de hacerlo. No obstante, pensar que no es necesario ingerir la toxina socava la intención de hacerlo, ¿verdad? Lo que se quiere dar a entender es que las intenciones no pueden ser estados independientes, sino que requieren un compromiso de acción.

En pocas palabras
Un mecanismo mental relacionado con la ejecución de una acción futura.

Por qué es importante
La formación de intenciones es esencial para la toma de decisiones consciente.

Personajes clave
Franz Brentano, 1838–1917
Jennifer Hornsby, n. 1951
Edmund Husserl, 1859–1938

Conceptos relacionados
fenomenología, p. 118
agencia, p. 147

Quiero tocar la diana.

intencionalidad

La palabra «intención», del latín *intendere*, significa «estirar hacia» o «apuntar a». La filósofa británica Elizabeth Anscombe la explica en relación a los arcos y las flechas. Cuando tensamos un arco (es decir, cuando la cuerda del arco está *en tensión*) lo hacemos para que la flecha salga disparada en una dirección determinada. La intención es el acto mental de apuntar, de fijar nuestros pensamientos en un objetivo particular.

En la filosofía de la mente, la intencionalidad es una propiedad de muchos tipos diferentes de estados mentales, y no solo de intenciones, y se refiere a la dirección o al contenido de un pensamiento; cualquier tipo de pensamiento. Si pienso en un ser querido, esta persona es el «objeto intencional». La intencionalidad es una cualidad de pensar y no requiere la formación de intenciones.

La noción de intencionalidad es útil a la hora de desentrañar la diferencia entre estados mentales como las emociones y los estados de ánimo. Las emociones tienden a tener objetos intencionales. Si estamos enfadados, lo estamos por algún motivo; si estamos enamorados, lo estamos de alguien; si estamos de mal humor, nuestro mal humor no tiene por qué tener una causa específica. Simplemente, puede deberse a un malestar general. Podemos fijarnos en ciertas cosas, pero tales cosas no son realmente la causa del estado de ánimo, sino que se hallan en el lugar equivocado en el momento equivocado.

Una intención es un estado mental que conlleva un compromiso a emprender una acción. La intencionalidad es la cualidad de estados mentales dirigidos a objetos específicos.

En pocas palabras
Una propiedad de la mente que se refiere a la dirección o al contenido de un pensamiento.

Por qué es importante
Caracteriza mucha de nuestra experiencia del mundo. Nuestros pensamientos son pensamientos *sobre* cosas.

Personajes clave
G. E. M. Anscombe, 1919–2001
Roderick Chisholm, 1916–1999
Daniel Dennett, n. 1942
Maurice Merleau-Ponty, 1908–1961

Conceptos relacionados
emoción, p. 28
fenomenología, p. 118
agencia, p. 147

indeterminismo

Algo nos ha impulsado a empezar a leer este libro. Quizás lo hemos recibido como regalo de cumpleaños, aunque también puede ser que nuestro profesor nos lo haya puesto como deberes. A lo mejor nos aburríamos en una librería y lo hemos agarrado de una estantería. ¿Lo hemos hecho todo libremente? Puede parecer así, pero en algunas interpretaciones de realidad, todo lo que hacemos (incluso leer un libro) viene determinado por una causa. Esto se conoce como «determinismo».

El determinista puede pensar que siempre hemos querido leer este libro. Es probable que algún acontecimiento de nuestra niñez nos haya predispuesto a interesarnos por la filosofía. El hecho de que estemos leyendo esta frase es el resultado de una larga cadena causal que se remonta en el tiempo hasta el nivel cuántico, en el que las partículas chocan entre ellas de una manera predecible. Todo lo que hacemos es inevitable.

El indeterminista, en cambio, discrepa de todo lo anterior y rechaza la afirmación de que todos los acontecimientos y procesos estén estrictamente determinados. Nuestros futuros aún no se han escrito. Para el indeterminista, algunas cosas son inherentemente impredecibles. Pensemos en la mecánica cuántica, por ejemplo, donde el comportamiento de las partículas se describe con probabilidades y no con certezas. No podemos decir que va a ocurrir, ya que hay un elemento de aleatoriedad en la realidad.

Algunos indeterministas piensan que esta incertidumbre inherente apoya la afirmación de que tenemos libre albedrío. Otros son más prudentes: actuar de una manera aleatoria no es lo mismo que actuar con libertad.

En pocas palabras
Los indeterministas niegan que todos los acontecimientos estén determinados.

Por qué es importante
Si todas nuestras acciones están determinadas, ¿podemos ser realmente responsables de ellas? El libre albedrío y la responsabilidad moral están interconectados.

Personajes clave
Thomas Hobbes, 1588–1679
Pierre-Simon Laplace, 1749–1827
Baruch Spinoza, 1632–1677
Susan Wolf, n. 1952

Conceptos relacionados
ética, p. 39
materialismo, p. 124
teoría de partículas, p. 140

incompatibilismo

Cuando decimos que dos personas son incompatibles queremos decir que no se adaptan entre sí, que existe algún tipo de desajuste. Los incompatibilistas piensan que lo mismo ocurre entre el determinismo y el libre albedrío: simplemente, no casan.

Los incompatibilistas se dividen en dos bandos: unos, los «deterministas», creen que todas las acciones vienen determinadas causalmente y, por tanto, afirman que el libre albedrío no existe. Otros creen en la indeterminación causal, que podemos actuar libremente. La indeterminación no es solo una cuestión de comportamiento aleatorio, ya que el libre albedrío no solo consiste en actuar de manera aleatoria. A su vez, los incompatibilistas *in*deterministas piensan que tenemos una capacidad de elegir que no viene determinada por las interacciones de partículas minúsculas.

A veces, los incompatibilistas indeterministas reciben el nombre de «libertarios», quienes sostienen que los individuos son agentes autocausantes. Que ahora estemos leyendo este libro es una elección, y no el producto de nuestra herencia genética o de la interacción de partículas subatómicas. Una cuestión queda abierta: saber de dónde procede la capacidad para actuar libremente.

No todo el mundo es intransigente como los incompatibilistas. Algunos filósofos que han intervenido en el debate han argumentado que el determinismo y el libre albedrío pueden ser compatibles. Al igual que un río es libre cuando sigue libremente su curso, aducen, nosotros somos libres de actuar cuando nadie pone obstáculos a nuestros deseos, intenciones y elecciones.

En pocas palabras
Sostener que el libre albedrío y el determinismo son incompatibles.

Por qué es importante
La postura que tengamos sobre este asunto determina nuestra visión de la libertad y de la agencia.

Personajes clave
Simone de Beauvoir, 1908–1986
David Hume, 1711–1776
Jean–Paul Sartre, 1905–1980
Arthur Schopenhauer, 1788–1860

Conceptos relacionados
liberalismo, p. 47
existencialismo, p. 119
agencia, p. 147

transhumanismo

La medicina ha llevado a cabo avances espectaculares en los últimos cien años. Si tenemos un corazón débil, un marcapasos nos irá de maravilla. Toda clase de escáneres y monitores nos ofrecen ahora una visión del funcionamiento del interior del cuerpo humano como no la habíamos conocido jamás. La tecnología no solo se usa para mejorar nuestra salud, sino también para mejorar nuestras vidas. Así, la manipulación genética ha creado más posibilidades reproductivas. Un niño puede heredar material genético de tres progenitores diferentes en vez de dos. Tales logros científicos son técnicamente impresionantes, pero también han alterado el paisaje ético y creado nuevas encrucijadas morales.

Los transhumanistas creen que hay que alentar el uso de la tecnología para mejorar las capacidades físicas y cognitivas del hombre. El movimiento transhumanista contempla con optimismo la capacidad de la tecnología para ayudarnos a superar limitaciones biológicas y, en general, para mejorar la condición humana. Si los científicos pueden crear una prótesis de brazo para una persona manca, ¿por qué no desarrollar prótesis para mejorar la vida y no simplemente para mitigar un daño? ¿No sería fantástico tener tres brazos? El objetivo es aumentar las capacidades humanas, pero los transhumanistas también son conscientes de los problemas éticos que conlleva y que no todo puede ser aceptable.

Una preocupación significativa del proyecto transhumanista es que la producción de esta tecnología recaería en grandes empresas y que, como sabemos por las novelas distópicas de ciencia ficción, si la mejora de las condiciones de vida está vinculada a negocios lucrativos, el resultado puede ser un empeoramiento agudo de las desigualdades sociales.

En pocas palabras
Los transhumanistas ven con entusiasmo el uso de la tecnología para mejorar las condiciones de vida del hombre.

Por qué es importante
Gran parte del transhumanismo lleva implícita la idea de que los humanos pueden mejorarse. Esto supone pensar que algunos humanos son «deficientes».

Personajes clave
Nick Bostrom, n. 1973
Donna Haraway, n. 1944
N. Katherine Hayles, n. 1943
Carl Sagan, 1934–1996

Conceptos relacionados
natural, p. 25
sustancia, p. 83
cientificista, p. 97

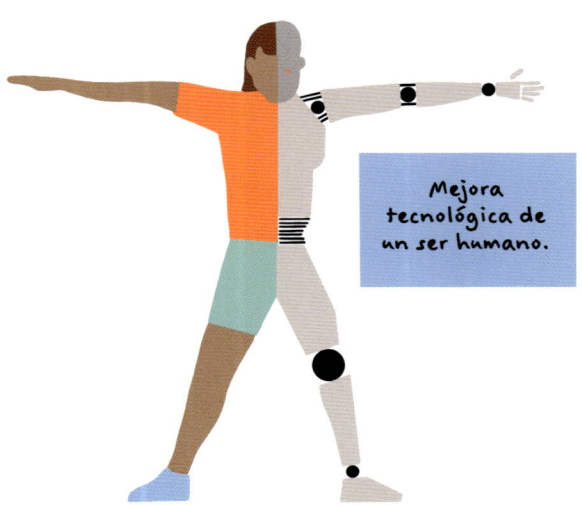

Mejora tecnológica de un ser humano.

posthumanismo

El posthumanismo tiene un alcance más amplio que el transhumanismo. Los pensadores posthumanistas se interesan por los efectos de la tecnología sobre la idea de humanidad y, más que en mejorarla, su interés principal es la forma en que las mejoras difuminan la frontera entre lo considerado como humano y como máquina.

La falta de claridad derivada de la intervención tecnológica en lo humano perturba la posición ideológica conocida como humanismo. El término humanismo alude al enfoque tradicional sobre las perspectivas humanas, la importancia de los individuos y su capacidad de razonamiento. El posthumanismo, a su vez, empaña los discretos límites que los humanistas dibujan alrededor de los seres humanos y hace hincapié en hasta qué punto estamos atrapados por el mundo tecnológico, el entorno y otras entidades no humanas.

Consideremos, por ejemplo, el proceso de votación de unas elecciones. El objetivo del humanista puede ser garantizar que cada ciudadano puede depositar su voto libremente y sin ningún tipo de impedimento. Esto puede significar, quizás, minimizar la influencia política de las redes sociales y reducir la cantidad y la influencia de actores no humanos como los bots. El posthumanista reconoce estos peligros, pero también hace hincapié en cómo Internet nos ha conducido más allá del ideal humanista de un agente individual discreto. Votar, según el posthumanista, es una actividad colectiva en la que intervienen votos humanos *y* sistemas tecnológicos, algoritmos y redes sociales. A los postumanistas no les interesan los humanos, sino la interrelación entre el organismo humano, la tecnología y el entorno.

En pocas palabras
Movimiento intelectual que desafía muchas de las rígidas fronteras delineadas por el humanismo.

Por qué es importante
El posthumanismo ofrece una comprensión matizada del papel de la tecnología en la vida del hombre.

Personajes clave
Rosi Braidotti, n. 1954
N. Katherine Hayles, n. 1943
Ray Kurzweil, n. 1948
Bruno Latour, 1947–2022

Conceptos relacionados
biológico, p. 24
existencia, p. 70
postmodernismo, p. 110

¿Qué es un ser humano? ¿Qué es una máquina?

normal

¿Qué entendemos por «normal»? Existe una asunción general de que el adjetivo no significa otra cosa que «habitual», «típico» o «común». «Este comportamiento es del todo normal para un niño de dos años», lo que puede significar: «No te preocupes por los berridos del niño; todos los niños de dos años tienen estas rabietas». En términos estadísticos, la estatura media de los individuos de una población está considerada como la «normal».

La palabra «normal», sin embargo, no solo se usa para reflejar estadísticas, sino que también puede ser un juicio de valor. Cuando la gente dice que la heterosexualidad es normal no solo da a entender que es habitual, sino que es la manera correcta de ser. Por consiguiente, otras sexualidades son «anormales», lo que no solo significa que sean raras (claramente no lo son), sino que están mal. En este sentido, «normal» suele solaparse con el término «natural», que se emplea tanto para lo que es como para lo que *debería* ser.

Una «norma» es un patrón de conducta o de creencias compartidas, esperadas o estándares dentro de un grupo. Las normas proporcionan directrices para comportarse de forma «apropiada» con el fin de facilitar las normas sociales. En Inglaterra, por ejemplo, es norma sonarse ante un pañuelo de tela o papel para expulsar la mucosidad nasal, mientras que en otras partes del mundo la norma puede ser expulsar la mucosidad directamente al suelo. Cada sociedad tiene sus normas de conducta, y se espera que sus miembros las sigan.

En pocas palabras
Normal puede referirse a lo que es habitual, pero también a lo considerado como «natural».

Por qué es importante
Las afirmaciones sobre lo que es normal y lo que no pueden usarse para desempoderar grupos «anormales» y privilegiar a otros.

Personajes clave
Pierre Bourdieu, 1930–2002
Darren Chetty, n. 1972
Adrienne Keene, n. 1985
Adrienne Rich, 1929–2012

Conceptos relacionados
razonable, p. 15
natural, p. 25
ideología, p. 66

normativo

La palabra «normal» proviene del latín *normalis*, que se usaba en sus orígenes en el contexto de la carpintería para aludir a algo «hecho según un estándar o una regla», y lleva implícita las ideas de *estándar* (de conducta) y de algo que *es estándar* (común). Asimismo, contiene un elemento instructivo: «Deberías hacer esto para hacer aquello».

Las afirmaciones normativas expresan puntos de vista sobre lo que es correcto, deseable o indeseable y, en cierto sentido, lo que *debería* ser una práctica estándar. Tales elementos son prescriptivos, pues prescriben ciertas acciones y proscriben otras. Si bien la palabra «normal» puede emplearse en un sentido descriptivo para definir lo que es típico, «normativo» no indica si algo es habitual o no. Consideremos, por ejemplo, la siguiente afirmación normativa: «Está moralmente mal engañar o mentir a los demás». No hay nada inconsistente en decir esto en una sociedad donde la honradez es cada día más rara.

Por lo general, usamos «normal» descriptivamente para aludir a lo que es habitual, y «normativo» prescriptivamente para referirnos a valores o reflejar juicios sobre lo que está bien o es aceptable. Como es obvio, dado que ambas palabras comparten una raíz lingüística común, a veces se solapan (como hemos visto, «normal» puede ser un juicio de valor), pero tampoco hay que preocuparse demasiado: es algo completamente normal.

En pocas palabras
Lo normativo alude a estándares que prescriben cómo deben ser las cosas.

Por qué es importante
Este concepto nos permite entender cómo se ejerce el poder social.

Personajes clave
Emmanuel Chukwudi Eze, 1963–2007
Alicia Garza, n. 1981
Antonio Gramsci, 1891–1937
Shirley Anne Tate, n. 1956

Conceptos relacionados
hegemonía, p. 67
prescriptivo, p. 74
objetivo, p. 77

doble conciencia

El sociólogo W. E. B. Du Bois desarrolló el concepto de doble conciencia para describir el desafío psicológico de verse a uno mismo de manera simultánea desde dos puntos de vista opuestos. A caballo entre los siglos XIX y XX, Du Bois documentó y teorizó las experiencias de personas afroamericanas en una sociedad supremacista blanca; en concreto, la estadounidense.

Según los análisis de Du Bois, un americano negro tiene un sentido interno de sí mismo, una comprensión compleja y polifacética de sus esperanzas, deseos, miedos y preocupaciones. Por desgracia, este sentido de identidad choca [contra], entra en conflicto [con] o es socavado [por] una concepción social racista que niega a los afroamericanos la personalidad y una vida interior rica (entre muchas otras cosas), con lo que se produce un choque, una disonancia cognitiva.

Cuando nosotros creemos que somos una cosa y la sociedad nos dice que somos otra, podemos experimentar una tensión interna aguda, una división de la identidad. Esta división es la doble conciencia, y según Du Bois es consecuencia del racismo y de los prejuicios sistémicos.

La disparidad entre estos dos puntos de vista debe afrontarse, y quienes son víctimas del racismo se ven forzados a adoptar ideas racistas —y, en cierto modo, a *internalizarlas*— y prejuicios sobre los negros. La doble conciencia, por lo tanto, representa un obstáculo para sentirnos nosotros mismos y entender quiénes somos realmente.

En pocas palabras
La sensación de tener un yo dividido por el hecho de vivir en un entorno social que niega o ataca nuestra manera de ser.

Por qué es importante
El término capta la fuerte tensión experimentada por grupos marginales que viven en sociedades supremacistas.

Personajes clave
W. E. B. Du Bois, 1868–1963
Frantz Fanon, 1925–1961
Toni Morrison, 1931–2019
Gayatri Spivak, n. 1942

Conceptos relacionados
raza, p. 42
misoginia, p. 49
prejuicio, p. 50

concienciación

Es posible que la doble conciencia pueda mitigarse con algo llamado «concienciación». Concepto popularizado por los movimientos feministas de la década de 1960, la concienciación es un proceso de adquisición de conciencia y de comprensión global de cuestiones sociales y políticas; entre ellas, la supremacía blanca y la dominación patriarcal.

La concienciación pretende fomentar el empoderamiento colectivo mediante la educación y el debate. La expresión evoca la noción marxista de «falsa conciencia». Algunos grupos son inducidos a tener falsas creencias por los miembros más poderosos de la sociedad. Tales creencias, que constituyen una falsa conciencia, son contrarias a los intereses de dichos grupos. A las mujeres, por ejemplo, no les hace ningún favor interiorizar la frase «Las mujeres, en casa». La concienciación ataca tales creencias (actitudes racistas, homofóbicas, discriminatorias y misóginas) al analizarlas en un contexto social más amplio. El objetivo es revelar patrones, cuestiones sistémicas y preocupaciones compartidas para impulsar la solidaridad.

La concienciación es una estrategia política general para empoderar a la gente mediante la educación. Aprender más sobre la ideología de la supremacía blanca puede aclarar la tensión inherente en la doble conciencia. Al implicar una acción de grupo y una comprensión compartida, la concienciación también puede ayudar a desafiar determinadas actitudes sociales (como las racistas) compartidas por todos los miembros de una sociedad.

En pocas palabras
Un proyecto político enfocado a difundir la conciencia de problemas sistémicos.

Por qué es importante
Si queremos combatir sistemas injustos debemos ser conscientes de ellos.

Personajes clave
Alicia Garza, n. 1981
Roxane Gay, n. 1974
Rosa Luxemburgo, 1871–1919
Kate Manne, n. 1983

Conceptos relacionados
hegemonía, p. 67
conciencia, p. 88
socialismo, p. 93

gnóstico

La palabra griega *gnosis* significa «conocimiento». El término «gnóstico» comparte su raíz con un gran número de palabras de uso habitual, como diagnóstico y pronóstico. Un «pronóstico», por ejemplo, es un conocimiento obtenido de antemano; esto es, una predicción.

El gnosticismo alude a una serie de tradiciones filosóficas europeas que surgieron en los primeros siglos de la era cristiana. Los sistemas gnósticos, que son muchos y variados, se caracterizan por impulsar la adquisición de conocimiento espiritual como medio de salvación y por creer que dicho conocimiento es en cierto modo secreto y está solo al alcance de unos pocos (los gnósticos).

La mayoría de los sistemas gnósticos consideran que el mundo material es imperfecto, incluso malvado, y creen que los individuos pueden encontrar su camino a un reino espiritual divino y más elevado a través del conocimiento esotérico. En cierto modo, por lo tanto, los gnósticos son muy excluyentes en sus creencias, un club solo para socios. Al mismo tiempo, los grupos gnósticos suelen rechazar la autoridad de las instituciones religiosas; entre ellas, las formas organizadas de cristianismo. El gnosticismo aborda de una manera muy particular la relación con lo divino, una relación personal basada en la experiencia y el conocimiento y no en ritos y estructuras jerárquicas. En este sentido, el gnosticismo puede considerarse más abierto y democrático que las principales religiones del mundo.

Las ideas gnósticas fueron recuperadas durante la mitad del siglo XX por los movimientos *new age*, que centraban su pensamiento en experiencias místicas y trascendentes y en enseñanzas esotéricas.

En pocas palabras
Alude a la tradición espiritual que hace hincapié en el conocimiento secreto y esotérico.

Por qué es importante
Aunque hoy en día haya poca gente que se defina como gnóstica, actitudes parecidas definen varios movimientos políticos (pensemos, por ejemplo, en los conspiranoicos de Q-Anon).

Personajes clave
L. Ron Hubbard, 1911–1986
Marción de Sinope, 85–160
Valentín, h. 100–160

Conceptos relacionados
conocimiento, p. 8
poder, p. 41
suspicacia, p. 57

agnóstico

El prefijo *a* significa «no», o «sin»; por lo tanto, «agnóstico» quiere decir «sin conocimiento». En un contexto religioso, un agnóstico es alguien que duda de la existencia de Dios. Así como los teístas creen en Dios y los ateos, definitivamente no, el agnóstico se encoge de hombros y responde: «¡No lo sé!». Esto puede deberse a que cree que ciertas cuestiones metafísicas quedan más allá del alcance de lo que el ser humano puede comprender o a que, simplemente, no ha pensado mucho en ello.

Aunque el agnosticismo se suele asociar a la religión, también puede aplicarse, por ejemplo, a cuestiones metafísicas sobre la naturaleza de la realidad. Podemos ser agnósticos sobre teorías científicas o cuestiones éticas y morales, así como sobre el conocimiento en general («¡No sé lo que sé!»). El agnosticismo es un reconocimiento de los límites de la comprensión humana.

En contraste con el gnóstico, quien cree que nosotros —o, al menos, algunos de nosotros— podemos acceder al conocimiento espiritual secreto de la realidad, el agnóstico duda de nuestra capacidad de entender el mundo y nuestro lugar en él. Se trata de una actitud modesta, algo relativamente poco habitual en el discurso filosófico. «A veces», admite el agnóstico, «simplemente no podemos saber u obtener las respuestas a estas grandes preguntas. A veces, los problemas filosóficos no pueden resolverse. No es culpa de nadie; solo nos queda resignarnos a no saber».

En pocas palabras
Suele referirse a alguien que no está seguro de si existe un ser supremo u otra entidad superior y no revelada.

Por qué es importante
Si creemos que la religión y las creencias religiosas son importantes, entonces también es probable que creamos que también lo es la existencia de Dios.

Personajes clave
Ayaan Hirsi Ali, n. 1969
Thomas Huxley, 1825–1895
William James, 1842–1910
Bertrand Russell, 1872–1970

Conceptos relacionados
creencia, p. 9
escepticismo, p. 56
cinismo, p. 101

Simplemente, no lo sé.

teoría de partículas

Nunca he sido bueno jugando al billar, pero entiendo los principios del juego. Se usa una bola para golpear otras bolas que entran en agujeros o rebotan en las bandas según unas leyes definidas por la física. De esta manera concibo yo la teoría de partículas, un modelo científico empleado para describir las propiedades y el comportamiento de las cosas materiales. Su premisa central es que toda la materia está compuesta por partículas minúsculas que se mueven y rebotan contra otras partículas minúsculas según unas leyes físicas muy concretas. Antes de que los científicos desarrollaran la teoría para observar directamente el reino microscópico, los filósofos postularon sobre la existencia de estos diminutos bloques: átomos, moléculas o (recurriendo a un término del siglo XVII) «corpúsculos».

Toda la materia está compuesta por estas partículas extremamente pequeñas, que se agitan constantemente a causa de los cambios de temperatura y presión. Las partículas les sirven a los científicos para explicar cambios en la materia; por ejemplo, la fusión de una vela de cera se explica por un aumento de temperatura que incrementa el movimiento de las partículas de la cera y debilita los enlaces entre ellas.

Muchos materialistas también son partidarios de la teoría de partículas, pues creen que solo la materia existe, mientras que las almas y las demás sustancias inmateriales, no. Algunos materialistas —«los nihilistas mereológicos»— van aún más allá y afirman que solo las partículas diminutas existen. Así, las sillas y mesas que vemos, no son sino meros haces de partículas.

En pocas palabras
Un modelo científico que explica los fenómenos físicos por la acción de partículas diminutas.

Por qué es importante
Esta teoría es fundamental en la física moderna.

Personajes clave
Robert Boyle, 1627–1692
John Locke, 1632–1704
Damaris Cudworth Masham, 1659–1708

Conceptos relacionados
identidad, p. 6
nihilismo, p. 86
ontología, p. 114
materialismo, p. 124

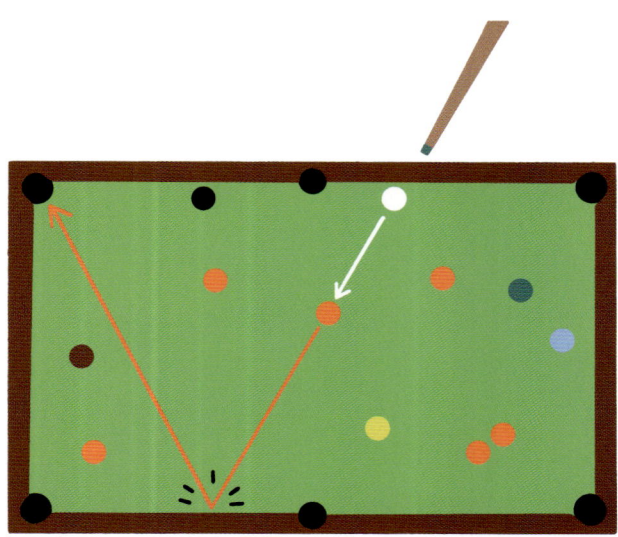

particularismo

La teoría de partículas no es particularmente particularista. En la física y la química modernas, la teoría de partículas es de aplicación general. Sus principios son principios para todo, sin excepciones. Toda la materia está compuesta por partículas, y todas las partículas están sujetas a las mismas leyes físicas. El particularismo, por el contrario, rechaza la aplicación de principios universales y resalta la importancia del contexto y de circunstancias particulares.

El particularismo ético rechaza la aplicación de principios morales universales. Tomemos la honradez como ejemplo. Hay gente que piensa que deberíamos ser honrados siempre, sin tener en cuenta las circunstancias. «¡Un momento!», objeta el particularista, «¿y en situaciones donde una mentira puede salvar una vida?». Imaginémonos que un malhechor con un hacha en mano va buscando a nuestra abuela y nos pregunta dónde se esconde. ¿Deberíamos mentir en este caso particular? El particularista argumenta que los principios universales son demasiado rígidos y que no es posible desarrollar unas directrices significativas (y no inútilmente generales) para la vida ética. En su lugar, el particularista se centra en el compromiso ético. La ética no es meramente cuestión de seguir unas reglas, sino que requiere ser sensible a los matices de cada caso y ser capaz de responder a ellos de manera apropiada. Como es obvio, algunas personas pueden aducir que el particularismo es en sí mismo un enfoque generalizado a la ética, pero puede que tales personas solo sean particularmente particulares.

En pocas palabras
El rechazo de la aplicación universal de, por ejemplo, principios éticos.

Por qué es importante
Esta teoría encara las preocupaciones morales teniendo en cuenta los matices y un compromiso flexible.

Personajes clave
G. E. M Anscombe, 1919–2001
Iris Murdoch, 1919–1999
Bernard Williams, 1929–2003

Conceptos relacionados
ética, p. 39
subjetivo, p. 76

¡En este caso particular, no culpable!

idealismo

Cuando decimos de alguien que es un «idealista» afirmamos que tiene expectativas elevadas, nobles y, con cierta probabilidad, poco realistas. Esta es la definición más habitual de «idealista» en la vida diaria y va asociada a una mentalidad que persigue la perfección y en la que todo lo demás está considerado un fracaso. En el campo de la metafísica, sin embargo, el idealismo va más de ideas que de ideales y es la concepción de que las entidades y los modos mentales (pensamientos, ideas, conceptos, conciencias) son desde un punto de vista metafísico más fundamentales que las cosas materiales.

Los materialistas sostienen que existe un mundo exterior independiente del pensamiento y de la acción humanos. Si los humanos y otros seres con sentimientos dejaran de existir de repente, la realidad permanecería inalterada en gran medida. Los idealistas, en cambio, piensan que la realidad está en cierto modo *constituida* por el pensamiento.

Existen varias formas de idealismo metafísico. Para unos, el mundo material existe porque es percibido por mentes conscientes (de aquí, el dicho latín *Esse est percipi*, o «Ser es ser percibido»); para otros, también denominados «idealistas transcendentales», existe un reino independiente y externo, pero no podemos acceder a él. En cierta medida, para tales pensadores, vivimos en un mundo de nuestra propia creación. Otros argumentan que la realidad es, de hecho, un sistema interconectado de ideas dinámico, una manifestación de algún tipo de megamente o de espíritu mundial. Los puntos de vista difieren, pero el pensamiento básico es que el pensamiento es la base.

En pocas palabras
Sin mentes tampoco habría nada más.

Por qué es importante
El idealismo, como muchas tesis metafísicas, se revela particularmente crucial en el discurso religioso (por ejemplo, ¿es la realidad dependiente de la mente de Dios?).

Personajes clave
George Berkeley, 1685–1753
Ibn Sina, Avicena, h. 980–1037
Constance Jones, 1848–1922
Immanuel Kant, 1724–1804

Conceptos relacionados
conciencia, p. 88
ontología, p. 114
materialismo, p. 124

solipsismo

El solipsismo, una postura filosófica más extrema que el idealismo, sostiene que lo único que podemos afirmar que realmente existe somos nosotros mismos. En realidad, nada más es cierto. No existe ninguna prueba fiable del mundo externo o de las mentes de otros. De hecho, es muy probable que tales cosas no existan en absoluto.

El solipsismo es una postura filosófica muy solitaria, pues lleva la subjetividad a un extremo al argumentar que nuestra conciencia es el único punto de agarre epistémico que tenemos. Todo lo que podemos saber son nuestras experiencias, y tales experiencias (como leer este libro, estar sentado en una silla o saborear un café) no son unas fuentes de información lo bastante sólidas. Cuando hablamos con un amigo, descolgamos el teléfono o caminamos por la calle no hay nada, realmente, que pueda justificar la idea de que estamos haciendo efectivamente estas cosas y no imaginándonoslas.

Mientras que el idealismo es una tesis metafísica, el solipsismo es, ante todo, una postura epistémica. El idealismo sostiene que las ideas y otras entidades mentales como ellas son partes fundamentales de la realidad. El solipsismo, en cambio, insiste en que solo podemos estar realmente seguros de nuestras propias experiencias (incluyendo las experiencias de estas entidades mentales), y no de la realidad externa. Se trata del conocimiento y de lo que podemos y no podemos saber sobre la composición de la realidad.

En pocas palabras
La tesis según la cual la única cosa que podemos considerar que realmente existe somos nosotros mismos.

Por qué es importante
A veces, para asegurarnos de lo que sabemos, es útil adoptar una postura solipsista que nos haga dudar.

Personajes clave
René Descartes, 1596–1650
Rae Langton, n. 1961
Sexto Empírico, h. 300–200 a. e. c.

Conceptos relacionados
escepticismo, p. 56
subjetivo, p. 76
fenomenología, p. 118

Solo yo existo.

falacia genética

Muchas ideas filosóficas surgieron de mentes de personas desagradables y fueron desarrolladas por ellas. Aristóteles era dueño de esclavos, Kant dedicó una cantidad considerable de su tiempo justificando jerarquías racistas y la mayoría de (si no todos) los filósofos de Occidente fueron hombres blancos a quienes les traía sin cuidado que mujeres, personas no binarias o de color fueran excluidas de su disciplina. ¿Significa esto que deberíamos abominar de todas sus teorías e ideas?

Para algunos, la respuesta es «no». Rechazar una idea por el mero hecho de que su creador era un intolerante puede derivar en lo que se conoce como «falacia genética». La falacia se produce cuando una afirmación se da por verdadera o falsa en función de su origen o historia y no de sus méritos intrínsecos y sin tener en cuenta las pruebas o el razonamiento en que se basa la afirmación. En este caso, «genética» se usa con un significado parecido al del griego *gene*, que quiere decir «nacimiento» u «origen». Que una idea provenga de un pensador con prejuicios no significa que la idea en sí esté llena de ellos.

Otros filósofos son más circunspectos. Es probable que no resulte evidente a primera vista que las ideas de Kant están influidas por su racismo; los prejuicios y los sesgos, sin embargo, suelen trabajar de manera sutil e insidiosa. Puede que no haya un vínculo directo entre el concepto de razón de Kant y su visión supremacista, pero es posible que un análisis crítico más minucioso pueda revelar que su idea de razón privilegie ciertas formas culturales de ser típicamente blancas.

En pocas palabras
Caer en una falacia genética es rechazar o aceptar un argumento según el origen de su autor y no de su contenido en sí.

Por qué es importante
Las falacias genéticas están por todas partes, y dada la manera en que funciona la confianza, es muy fácil caer en ellas.

Personajes clave
Michèle le Doeuff, n. 1948
Emmanuel Chukwudi Eze, 1963–2007
Evelyn Fox Keller, 1936–2023
Ernest Nagel, 1901–1985

Conceptos relacionados
natural, p. 25
debería, p. 95
cientificista, p. 97

La gente mala puede tener buenas ideas.

genealogía

La «genealogía» es el estudio de la descendencia. Un árbol genealógico, que documenta las relaciones de parentesco de una familia, es un ejemplo de genealogía. Es la historia de una familia. En el ámbito de la filosofía, la genealogía es el estudio histórico de una idea. El objetivo de la genealogía filosófica es rastrear el desarrollo y el origen de conceptos, instituciones o prácticas a lo largo del tiempo para analizar las diferentes influencias sociales que han modelado un concepto o una visión del mundo.

En cierta medida, buena parte de este libro se compone de análisis genealógicos. Cuando analizamos palabras y sus diferentes significados a lo largo de la historia y cómo estos han cambiado, estamos haciendo genealogía. Es relevante apuntar, en este sentido, que el término proviene de una palabra griega que significa «generación».

Es importante destacar que las genealogías no tienen por qué ser lineales. Una palabra (como «ideal» o «normal») puede tener varios significados a la vez, y tales significados pueden ser modelados por una gran variedad de factores sociales y orígenes históricos, y pueden solaparse y fundirse entre ellos. El objetivo de una genealogía como tal es muy diferente del análisis genético que sustenta las afirmaciones sobre falacias genéticas. Al genealogista no le interesa un único punto de origen, evita un análisis unitario y lineal y rechaza el concepto de una historia intelectual de ideas directa (por ejemplo, el concepto de razón kantiano no es realmente de Kant, sino que nace de una maraña de relaciones sociales y culturales).

En pocas palabras
El estudio de la descendencia.

Por qué es importante
Las genealogías proporcionan datos interesantes sobre la creación de conceptos.

Personajes clave
Michel Foucault, 1926–1984
Raymond Geuss, n. 1946
Friedrich Nietzsche, 1844–1900

Conceptos relacionados

autonomía

Imaginémonos que no tenemos más remedio que leer esta frase —y la siguiente, y, de hecho, todas las frases de este libro— hasta que hayamos terminado de leerlo todo. Imaginémonos que nos fuerzan a leer estas palabras. No podemos resistirnos. Es un escenario poco probable, pero la cuestión es que cuando alguien nos controla y controla nuestras acciones —cuando una persona determina qué podemos y qué no podemos hacer y fija las reglas del juego—, algo especial se está dañando.

«Autonomía» proviene del griego *autos*, «uno mismo» (una «autobiografía» es una biografía escrita sobre uno mismo), y *nomos*, «ley» o «regla» («nominar» es preseleccionar a alguien para un cargo de acuerdo con una ley establecida). «Autonomía» alude a la capacidad o condición de tener la libertad e independencia de tomar decisiones propias sin influencia o coerción externa. Es, por lo tanto, la capacidad de gobernarnos a nosotros mismos y de atenernos a nuestras reglas.

La autonomía del individuo es un pilar básico de muchas instituciones democráticas. Así, por ejemplo, se espera que los ciudadanos actúen de manera autónoma y libres de toda coerción cuando ejercen su derecho de voto. La autonomía —el autogobierno— es la base de buena parte del derecho moderno, en el que la responsabilidad radica en el individuo. Si alguien es autónomo, entonces ejerce un control sobre sí mismo y es el último responsable de sus acciones.

En pocas palabras
El derecho o la condición de autogobierno; tanto para individuos, como para grupos.

Por qué es importante
Es una condición de libertad y, según algunos, de responsabilidad moral.

Personajes clave
Angelina Grimké, 1805–1879
John Stuart Mill, 1806–1873
Sojourner Truth, h. 1797–1883
Mary Wollstonecraft, 1759–1797

Conceptos relacionados
liberalismo, p. 47
intención, p. 128
posthumanismo, p. 133

¡Soy libre!

agencia

Un agente, en pocas palabras, es alguien o algo que actúa. Un agente secreto es alguien que actúa en secreto y oculta sus acciones a los demás. Un agente biológico es una sustancia que actúa de una cierta manera. A veces también hablamos de «agentes químicos» en un contexto bélico para referirnos a aquellas sustancias químicas, como las toxinas, que pueden usarse para matar o causar víctimas. A su vez, un agente literario es alguien que actúa en representación de un autor, y un agente de la propiedad inmobiliaria es alguien que actúa en representación del propietario de una casa o de su comprador.

No todos los agentes son autónomos. Algunos actúan como representantes de otras personas de acuerdo con sus instrucciones, como los agentes inmobiliarios o los secretos. Si un agente secreto actúa de forma autónoma, su superior puede acusarlo de ir a su aire. El agente puede llegar a ser incluso un «agente doble» y servir a dos amos al mismo tiempo.

En ocasiones usamos «agencia» y «autonomía» indistintamente, pero los dos términos no son sinónimos. Mientras que la autonomía se centra en la libertad y la independencia de un individuo para tomar decisiones (sobre sí mismo, por ejemplo), la agencia tiende a referirse a la capacidad de un individuo para actuar intencionadamente y ejercer un control sobre su entorno. Se hace un mayor hincapié en la acción real, en el hecho de ser un participante activo en la propia vida (aunque hay excepciones). La autonomía se suele asociar con el derecho a decidir, mientras que la agencia hace hincapié en el compromiso activo individual.

En pocas palabras
La capacidad de *actuar* sin la influencia de los demás.

Por qué es importante
La agencia se solapa con la autonomía al ofrecer una base para la responsabilidad moral.

Personajes clave
Margaret Cavendish, 1623–1673
Valerie Gray Hardcastle
Audre Lorde, 1934–1992
Mary Wollstonecraft, 1759–1797

Conceptos relacionados
liberalismo, p. 47
autoconciencia, p. 89
autocracia, p. 102

inevitabilidad

La inevitabilidad es uno de aquellos conceptos que consiste en gran medida en lo que ya dice la palabra y aparece en discusiones sobre estudios éticos y legales, donde alude a la idea de que los principios o las obligaciones morales son inevitables y, por lo tanto, no podemos escapar de ellos.

En muchos ámbitos éticos, por ejemplo, la gente es obligada a ser honrada. Supongamos que, sin querer, salimos de una librería sin haber pagado un libro (puede ocurrir). Hemos cometido un hurto, pero no nos han pillado. Es una librería pequeña y no han instalado sensores en las puertas. A pesar de todo, la inevitabilidad de la honradez nos lleva a sentirnos obligados a volver y pagar el libro aunque nadie nos haya visto y no vayamos a sufrir consecuencias negativas por ello.

La obligación moral de ser honrado es inevitable y no puede dejarse de lado; no la podemos evitar y salir corriendo y, como el malo de las películas de terror, siempre nos atrapará. La inevitabilidad enfatiza la fortaleza de las obligaciones morales.

Como es obvio, la posibilidad de escape depende del contexto, y las culturas cambian a medida que reconsideramos nuestros valores. Lo que en otros tiempos era inevitable puede no serlo tanto hoy en día. Los romanos pensaban probablemente que el valor era una obligación moral inevitable, pero otros sistemas de valor apreciaban más la bondad, la deferencia y el respeto.

En pocas palabras
Considerar que algunas obligaciones morales son inevitables.

Por qué es importante
Es un puntal en buena parte de la teoría moral y acentúa nuestro compromiso con los dilemas éticos.

Personajes clave
Philippa Foot,
1920–2010
Christine Korsgaard,
n. 1952
Onora O'Neill, n. 1941
Joseph Raz, 1939–2022

Conceptos relacionados
ética, p. 39
indeterminismo, p. 130
agencia, p. 147

prevalencia

En el campo de la ética, la prevalencia es la capacidad de ciertos principios morales de prevalecer por encima de consideraciones que compiten con ellos. A diferencia de la inevitabilidad, que vale para valores morales específicos, la prevalencia se centra en la relación que se establece *entre* obligaciones.

Consideremos una situación en la que un médico intenta salvar la vida de un paciente a pesar de que el paciente se niega a seguir un determinado tratamiento (quizás la intervención médica atenta contra creencias religiosas muy arraigadas sobre la pecaminosidad de un trasplante). Si el médico continúa administrando el tratamiento es porque concede un mayor peso moral a la conservación de la vida que al principio de autonomía. No es que no le preocupe la autonomía del paciente —el derecho a decidir su destino por sí mismo—, sino que esta es superada por la necesidad de conservar la vida (el «principio de beneficencia»).

Cuando un principio moral es prevaleciente, su peso moral es considerado mayor que otros principios o factores, como los deseos y las preferencias personales. Tanto la inevitabilidad como la prevalencia se centran en el poder de ciertas obligaciones. No obstante, si un principio es inevitable, entonces no puede ser prevalecido. Esto puede generar dilemas morales aparentemente irresolubles en que un principio moral inevitable compite con otro principio moral inevitable. Ninguno tiene prioridad sobre el otro; por lo tanto, el agente moral (en este caso) queda en un callejón sin salida.

En pocas palabras
Si un veredicto moral es prevaleciente, entonces se supone que prevalece con respecto a otros veredictos que compiten con él.

Por qué es importante
Muchos de los problemas de la filosofía ética y moral surgen de preocupaciones prevalecientes e ineludibles que entran en conflicto.

Personajes clave
Hannah Arendt, 1906–1975
Philippa Foot, 1920–2010
Martha Nussbaum, n. 1947

Conceptos relacionados
moral, p. 38
ser bueno, p. 45
contradicción, p. 64

Mi prioridad siempre es salvar vidas.

retórica

¿Nos hemos preguntado alguna vez cómo las palabras moldean las opiniones y las mentes? ¿No nos han entrado ganas, al escuchar a grandes oradores, de poseer su irresistible capacidad de persuasión?

De nadie se espera que responda estas preguntas, ya que son retóricas; es decir, son recursos lingüísticos que no se usan para obtener una respuesta real, sino para comprometer a alguien en un discurso. Una pregunta retórica puede crear una ilusión de apertura y, de esta manera, conducirnos de una manera sutil en una dirección y no en otra.

La retórica es el arte de la persuasión. Existen muchos recursos retóricos, algunos de los cuales se ilustran en el primer párrafo.

De entre las preguntas retóricas hay una conocida como *anáfora* —repetición de una palabra o expresión («¿Alguna vez...?) y otra como aliteración, que es la repetición de consonantes («moldear mentes», «poder de persuasión»). Los retóricos se interesan por las diferentes herramientas y técnicas que pueden usarse para atraer la atención del público.

Aunque la retórica se enseñaba antaño junto a otras disciplinas filosóficas como la metafísica, la ética y la epistemología, hoy ya hace tiempo que fue oficialmente apartada de la filosofía. La retórica es un arte práctica enfocada a convencer a la gente y no a revelar verdades absolutas y, como tal, se considera contraria a la búsqueda de la verdad filosófica.

En pocas palabras
El arte de la persuasión.

Por qué es importante
Aunque la retórica haya sido exiliada oficialmente de la filosofía, la filosofía académica sigue fomentando ciertas normas y estructuras argumentativas.

Personajes clave
Margaret Cavendish, 1623–1673
Anna Julia Cooper, 1858–1964
Niccolò Machiavelli, 1469–1527
Christine de Pizan, 1364–1430

Conceptos relacionados
razonable, p. 15
ironía, p. 31
ideología, p. 66

dialéctica

Mientras que el objetivo de la retórica es convencer, la dialéctica aspira ostensiblemente al argumento razonado y al diálogo abierto. El objetivo no es ganar argumentos, sino desvelar principios, creencias o verdades subyacentes. El término proviene del griego *dia*, «a través», y *legomai*, «discurso». La dialéctica implica entrar a fondo en las cosas.

La mayoría de nosotros participamos todos los días en algún razonamiento dialéctico. Pongamos, por ejemplo, que acabamos de pedirle a un amigo nuestro consejo sobre cómo buscar trabajo. Nuestro amigo querrá saber qué tipo de trabajo nos interesa, y nosotros le expondremos nuestra idea (vendedor de pepinillos) y le preguntaremos qué trabajo le ha gustado más. Iremos hacia adelante y hacia atrás hasta entender mejor el valor de cierto trabajo, lo que esperamos cobrar, y así con otras cosas. Quizás discrepemos sobre la forma de empleo más adecuada. Nuestro amigo aducirá que es muy difícil llegar a ser vendedor de pepinillos y nos recordará que somos alérgicos a los pepinos. A partir de ahí definiremos de nuevo nuestras expectativas y, entre los dos, concluiremos que probablemente sea más razonable optar a un puesto en la fábrica de huevos encurtidos.

La palabra «dialéctica» se usa en ocasiones en vez de «dialógica». No obstante, la dialógica hace referencia aun diálogo abierto, mientras que la dialéctica se centra en alcanzar una solución. Es la diferencia entre hablar simplemente de algo y hablar de algo a fondo para llegar a una conclusión. Ambas difieren de la retórica, que tiende a ser más unilateral y a la que un orador suele recurrir para dirigirse al público.

En pocas palabras
Un método discursivo dirigido a resolver contradicciones o crear una síntesis de ideas opuestas.

Por qué es importante
Es una de las principales formas para argumentar y alcanzar acuerdos.

Personajes clave
Raya Dunayevskaya, 1910–1987
Georg Wilhelm Friedrich Hegel, 1770–1831
Alexandre Kojève, 1902–1968
Slavoj Zizek, n. 1949

Conceptos relacionados
racional, p. 14
análisis, p. 84
semántica, p. 122

Hablemos de ello detenidamente.

emergentismo

¿Es un pensamiento algo físico? Claro que no. No podemos tocar los pensamientos, y tampoco verlos. Son intangibles. Como tales, crean serios problemas a quienes afirman que la realidad es puramente material; entre ellos, los fisicalistas, los materialistas y científicos de varios ámbitos. Si creemos que todo lo que existe es físico, entonces tendremos dificultades para explicar la existencia de los pensamientos.

Una forma de evitar este problema la proporciona el «emergentismo». Para el emergentista, los pensamientos y la conciencia en general son «propiedades emergentes» de cosas físicas como los cerebros. Cuando tenemos partículas dispuestas en sistemas neurológicos complejos, nuevas propiedades pueden «emerger». Estas propiedades no son simples combinaciones de las propiedades de las partículas; por lo tanto, no son *reducibles* a ellas, sino dependientes de ellas. Si la sustancia material es ausente, las propiedades emergentes también son ausentes.

Pensemos en cómo la humedad emerge como propiedad del agua. El agua está compuesta por partículas de hidrógeno y oxígeno que no son húmedas. No obstante, cuando una cantidad lo bastante grande de ellas se agrupa, entonces surge una nueva propiedad: la humedad. Esta no es reducible, sino que depende de la materia en cuestión. Imaginémonos ahora un mercado de flores. Este, de hecho, no es más que un grupo de gente que monta unos tenderetes al lado de otros y se pone a vender flores. No obstante, una disposición lo bastante compleja puede dar lugar a propiedades emergentes; por ejemplo, que el mercado se convierta en una atracción turística. Esta propiedad no es reducible a las partes constituyentes, sino que depende de ellas.

En pocas palabras
La opinión de que las propiedades mentales pueden depender de propiedades y procesos físicos sin ser reducibles a ellos.

Por qué es importante
Es un modo de reconocer el carácter especial de la conciencia sin argumentar a favor de las sustancias inmateriales.

Personajes clave
John Dupré, n. 1952
Jerome A. Shaffer, 1929–2002
A. N. Whitehead, 1861–1947

Conceptos relacionados
identidad cualitativa, p. 58
materialismo, p. 124
teoría de partículas, p. 140

Esto es algo más que un simple montón de flores.

epifenomenalismo

Los epifenomenalistas sostienen que los fenómenos de un nivel aparentemente superior, como la conciencia y los estados mentales, son subproductos de procesos físicos y no tienen un impacto causal en acontecimientos físicos. Podemos ser capaces de describir un mercado de flores como una atracción turística, pero desde un punto de vista explicativo hablamos simplemente de un grupo de tenderetes donde venden flores.

Para el epifenomenalista, la conciencia y las experiencias conscientes no son más que subproductos mentales de procesos físicos. Podemos pensar que influimos en los acontecimientos físicos (tengo la clara sensación de que mis pensamientos me están induciendo a escribir estas frases), pero tales pensamientos son causalmente inertes. Las neuronas se activan y producen unos efectos específicos predecibles, y mi experiencia solo es la *observación* de la cadena causal. A pesar de lo que pueda suponer en sentido contrario, mis pensamientos no están vinculados a mis acciones.

Tanto el emergentismo como el epifenomenalismo intentan explicar hechos aparentemente no físicos sin chocar con el fisicalismo, la tesis según la cual todo puede explicarse con relación a las cosas físicas y a las fuerzas que las mantienen juntas. Ambos, a su vez, son distintos del dualismo, la creencia de que existen unas sustancias físicas pero también otras inmateriales, como las almas. Con todo, de entre los dos, el emergentismo es más esperanzador, pues cree (por ejemplo) que los fenómenos mentales pueden influir en los procesos físicos. El epifenomenalista, por el contrario, niega toda influencia de las propiedades mentales.

En pocas palabras
La creencia de que los estados mentales están causados por estados físicos, pero que no causan nada a ellos mismos.

Por qué es importante
Los epifenomenalistas más radicales afirman que nuestra experiencia consciente del mundo no repercute en lo que terminamos haciendo.

Personajes clave
Thomas Huxley, 1825–1895
Frank Jackson, 1943–2020
Baruch Spinoza, 1632–1677

Conceptos relacionados
conciencia, p. 88
fisicalismo, p. 125
indeterminismo, p. 130

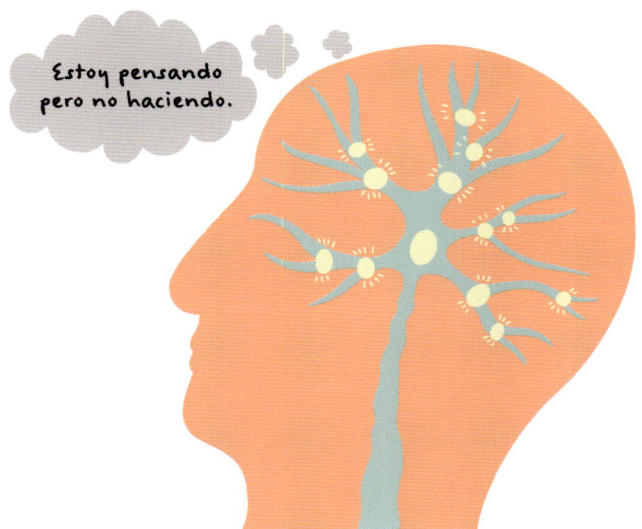

«filosofía»

La palabra «filosofía» es de origen griego y deriva de *philo*, «amor», y *sophia*, «sabiduría». La filosofía, por lo tanto, es el amor por la sabiduría.

La filosofía, que en la enseñanza superior no es más que una modesta asignatura independiente, está formada por varias ramas, como la epistemología, la metafísica, la estética o la ética; las cuales, a su vez, están formadas por subramas como la metaética o la metametafísica.

No obstante, todas estas categorizaciones son novedades relativamente recientes. En otros tiempos, no muy lejanos, por cierto, la «filosofía» era lo más parecido a una superdisciplina, pues lo incluía casi todo; desde la política, la retórica o la economía hasta la medicina, la química y la física. El término «filósofo naturalista» alude a personas que hoy serían calificadas de científicos.

Teniendo en cuenta su historia, hoy no queda del todo claro qué significan exactamente las palabras «filosofía» y «filosófico». Por lo tanto, algunos afirman que «filosófico» no hace referencia a la temática sino a la manera de encarar argumentaciones. En este sentido más amplio, los médicos pueden ser tanto filosóficos como filósofos. Algunos lectores pueden objetar que determinadas personas citadas en este libro sean en realidad filósofos (siempre es motivo de controversia quién forma y no forma parte de un grupo), pero cuando los límites de una disciplina son vagos creo que es mejor pecar de generoso que no hacerlo.

En pocas palabras
Una disciplina académica aparentemente discreta con límites mucho más vagos de lo que a primera vista podemos suponer.

Por qué es importante
Incluir o excluir diferentes campos de una disciplina puede afectar al hecho de si parecen campos de investigación legítimos.

Personajes clave
Peter Adamson, n. 1972
Yoko Arisaka, n. 1962
Chris Meyns

Conceptos relacionados
ideología, p. 66
postestructuralismo, p. 111
hermenéutica, p. 123

filosofía

Es importante que buena parte de este libro se centre en la etimología (del griego *etumon*, «significado», y *logia*, «estudio»). También es importante que muchas de las palabras analizadas sean de origen griego y latín. En el mundo anglosajón, «filosofía» suele aludir de manera implícita a una tradición de pensamiento cuyo nacimiento se remonta a la cultura de la Grecia y la Roma antiguas. Lo mismo vale en la mayoría de entornos euroamericanos y, de hecho, en países cuyos sistemas educativos son el resultado de la expansión colonial europea y americana.

La filosofía académica tiende a ser fiel a sus raíces etimológicas y da preferencia a los intereses de la tradición helénica y de las escuelas de pensamiento que surgieron de ella (el cristianismo, por ejemplo). El resultado es que, por lo tanto, excluye otras tradiciones que, si nuestro concepto de filosofía fuera más amplio, también podríamos considerar amantes de la sabiduría.

No ha sido sino hasta los últimos años que la filosofía académica occidental ha empezado a abrir sus fronteras y a admitir lo que en ocasiones los filósofos anglosajones llaman (de manera condescendiente) «filosofía mundial» o «filosofía global», que incluyen las tradiciones africana, islámica, india y de los nativos americanos, que son tanto o más ricas (y, con frecuencia, más antiguas) que la helénica en la que nos educaron. Si la filosofía puede adaptarse y volverse más representativa e inclusiva es una cuestión relevante por abordar.

En pocas palabras
La concepción occidental de la filosofía concede mayor importancia a la tradición helénica.

Por qué es importante
Solo es una imagen parcial del panorama filosófico que da más importancia a unas voces que a otras.

Personajes clave
Lewis Gordon, n. 1962
Kwame Nkrumah, 1909–1972
Ngũgĩ wa Thiong'o, n. 1938

Conceptos relacionados

figuras clave

Esta selectiva lista destaca las figuras clave de la actualidad en el campo de la filosofía. Son los «forjadores de pensamiento» que reformulan esta disciplina milenaria.

Sara Ahmed es una activista especializada en crítica institucional. ¿Cómo se tiene que sentir una persona de color que trabaja en un sistema blanco? ¿Qué efectos tienen ciertos espacios oficiales formales en las emociones de los grupos marginales? A partir de su propia experiencia y testimonio de primera mano, Ahmed documenta la experiencia de vérselas con el poder de las instituciones.

Linda Martín Alcoff es una epistemóloga especializada en epistemología social, filosofía de la raza y decolonialidad, interesada en los efectos de los prejuicios sobre lo que sabemos y cómo llegamos a saberlo. Si tenemos prejuicios contra un grupo determinado, es probable que les demos menos credibilidad, un menor «respeto epistémico» y que sufran un «déficit de credibilidad».

Elizabeth Anderson (n. 1959) es una politóloga estadounidense especializada en acciones afirmativas. En *The Imperative of Integration* (2010), Anderson afirma que la diversidad por sí misma es insuficiente y que las instituciones sociales deben hacer esfuerzos activos por integrar grupos marginales y, al mismo tiempo, desmantelar barreras estructurales.

Moya Bailey es una académica estadounidense a la que se le atribuye haber acuñado el término «misogynoir», que aborda la mezcla de racismo y misoginia experimentado por mujeres negras. La obra de Bailey es un examen crítico de los modos en que la cultura popular perpetúa estereotipos dañinos y margina a las mujeres negras.

Nora Berenstain es una epistemóloga que estudia cómo las convenciones conversacionales (del tipo «ser educado») puede afectar a lo que sabemos y a cómo lo sabemos. Su concepto de «explotación epistémica» aborda algunos de los inconvenientes de hacer preguntas bienintencionadas a grupos marginales.

Talia Mae Bettcher es una académica muy conocida por sus trabajos sobre la identidad de género y transexual. Basándose en su propia experiencia de transición, Bettcher ha articulado las presiones socioculturales y políticas sufridas por muchas personas transexuales.

Darren Chetty (n. 1972) ha sido en los últimos años uno de los críticos más ardientes de la razonabilidad. En un contexto británico, en el que los políticos apelan con frecuencia a los comportamientos «razonables» o «sensatos», Chetty resalta hasta qué punto tales discursos descansan sobre códigos de buena conducta, buenas maneras y cortesía social.

Patricia Hill Collins (n. 1948) es una socióloga y epistemóloga social. En *Pensamiento feminista negro* (1990) describe una epistemología que reconoce los conocimientos adicionales que tiene la gente de color por el hecho de vivir en una sociedad racista y saber cómo resistirse a ella.

Kimberlé Crenshaw (n. 1959) es una académica especializada en teoría de la raza y una abogada de los derechos civiles. En su ensayo del año 1989 titulado «Desmarginalizar la intersección de raza y sexo», Crenshaw introdujo el concepto de interseccionalidad en el discurso académico.

Kristie Dotson (n. 1975) es una epistemóloga social estadounidense cuya obra explora cómo los cuerpos de conocimiento (como los que se conservan en las bibliotecas universitarias) son acentuados de una manera muy precisa y, con frecuencia, excluyente. ¿Cuáles son los estándares por los cuales establecemos si una creencia está justificada? ¿Favorecen estos estándares a unos grupos determinados? Dotson afirma que, probablemente, sí.

Judith Jack Halberstam (n. 1961) es una académica estadounidense que ha realizado contribuciones destacadas en el campo de los estudios de género y que nos anima a entender el sexo biológico como un espectro de posibilidades y no simplemente como binario. Halberstam aboga por una comprensión más inclusiva de los individuos.

Donna Haraway (n. 1944) es una teórica cultural e historiadora de la ciencia cuya obra explora las interconexiones entre la tecnología, el género y la identidad. Su «Manifiesto para cyborgs» cuestiona los límites tradicionales entre orgánico y no orgánico y entre naturaleza y cultura.

Linda Hogan (n. 1947) es una poeta chickasaw, ensayista y ecologista reconocida por su trabajo sobre las interesecciones de espiritualidad indígena, ecologismo y justicia social. Su novela de 1994 *Solar Storms* se inspira en las tradiciones de los indígenas estadounidenses y enlaza el animismo con temas ambientalistas.

Zeus Leonardo extrae ideas de la sociología, la filosofía académica y estudios culturales para analizar la relación entre la escolarización, la estructura de las instituciones académicas y la raza, la clase, la cultura y el género. A Leonardo se le sitúa en el movimiento CRT (teoría crítica de la raza), aunque él niega su adscripción a él.

Sabina Lovibond es una especialista en ética británica que ha escrito largo y tendido sobre el papel de las emociones en la psicología moral y ha examinado cómo estas modelan nuestros juicios éticos y nuestra manera de tomar decisiones. A diferencia de los racionalistas, Lovibond estudia cómo las emociones contribuyen (a veces, de forma positiva) a nuestra percepción de las situaciones morales.

Kate Manne (n. 1983), en su libro *Down Girl* (2018) usa «sexismo» para referirse a un sistema de creencias y prácticas que impone las normas del patriarcado y jerarquías de género. En contraste con el sexismo, ella describe la 'misoginia' como el odio a las mujeres y la fuerza social que castiga a las mujeres que se desvían de los roles de género tradicionales.

José Medina se interesa por hasta qué punto estamos abiertos a los retos y a nuevas formas de pensar. En libros como *The Epistemology of Resistance* (2012), examina cómo nos cerramos ante las críticas y nos protegemos de formas de ser alternativas y defiende que hay que abrir la mente de una manera radical para cambiar la sociedad y la política.

Uma Narayan es una académica feminista cuya obra aborda la tradición filosófica occidental y su canon literario. Narayan ha sido muy crítica con los enfoques universalistas que importan marcos mentales de Occidente a contextos culturales que reconocen valores y prácticas opuestos.

Susan Oyama (n. 1943) es una psicóloga y filósofa de la ciencia cuya obra se ha centrado, entre otras cosas, en el debate entre naturaleza y crianza. En *Evolution's Eye* (2000), Oyama estudia cómo la genética y los factores ambientales influyen en el desarrollo humano y critica la tesis de que solo los genes determinan las características de un organismo.

Shirley Anne Tate (n. 1956) es una socióloga cuya obra se centra en la diáspora negra, los estudios de raza mixta y el feminismo. En sus investigaciones sobre los estándares normativos de belleza, Tate examina las políticas de visibilidad en la estética antirracista negra. ¿Qué se ve? ¿Qué no se ve? ¿Qué se celebra y qué no se celebra?

Calvin L. Warren es un académico estadounidense que ha contribuido al campo del «nihilismo negro», relacionado a su vez con el «afropesimismo». Ambos campos abordan la sensación de desesperanza generados por la supremacía blanca. Warren explora los límites y los peligros de la esperanza y enriquece el pensamiento existencialista, que históricamente ha ninguneado las experiencias negras.

índice analítico

Título original: *What's the difference? Philosophy*

© 2025 Librero b.v. (edición española)
www.librero.nl

Primera edición en 2025 a cargo de Ivy Press,
un sello editorial de The Quarto Group.

Diseño e ilustraciones Copyright © 2025 Quarto
Texto Copyright © 2025 Adam Ferner

Diseño: Intercity
Edición: Faye Robson
Producción: Rohana Yusof
Edición de la serie: Jane Wilsher

Nos gustaría extender nuestro agradecimiento a Guntaas Kaur Chugh
por brindar una lectura inclusiva del libro.

Producción de la edición española:
Traducción: Vicenç Prat Baqué
para Delivering iBooks & Design
Redacción y maquetación:
Delivering iBooks & Design, Barcelona

Distribución exclusiva de la edición española:
Librero IBP S. L.
C/ Paseo de los Olmos, n.º 20
Planta 1.ª, Oficina 7
28005 Madrid, España
www.librero–ibp.es

Impreso en China
ISBN: 978–94–6499–024–9